Mônica Rodrigues
09/10/08

QUATRO PASSOS DO PODER PESSOAL

Denise Linn

QUATRO PASSOS DO PODER PESSOAL

Entenda seu passado para ter um futuro brilhante

Tradução

Ivo Storniolo

LAROUSSE

Título original: *Four Acts of Personal Power*

Originalmente publicada em 2007 por Hay House Inc., EUA.

Edição brasileira
Gerente editorial **Solange Monaco**
Editor **Isney Savoy**
Assistência editorial **Leila Toriyama**
Coordenação **Carochinha Editorial**
Edição **Judith Ferri**
Preparação de texto **Viviane Campos**
Revisão **Rosa Salles e Isabel Giotti**
Capa e diagramação **SGuerra Design**
Foto da capa **© 2008 Jupiterimages Corporation**
Produção gráfica **Marcelo Almeida**

Dados Internacionais de Catalogação na Publicação (CIP)
(Câmara Brasileira do Livro, SP, Brasil)

Linn, Denise
Quatro passos do poder pessoal / Denise Linn ; tradução Ivo Storniolo. -- São Paulo : Larousse do Brasil, 2008.

Título original: Four Acts of Personal Power.
Bibliografia.
ISBN 978-85-7635-280-8

1. Qualidade de vida 2. Vida 3. Vida espiritual.

08-00304 CDD-155.2

Índice para catálogo sistemático:
1. Poder pessoal : Psicologia 155.2

1ª edição brasileira: 2008
Direitos de edição em língua portuguesa, para o Brasil, adquiridos por Larousse do Brasil Participações Ltda.
Av. Profª Ida Kolb, 551 – 3º andar – São Paulo – SP – CEP 02518-000
Telefone (11) 3855-2290 – Fax (11) 3855-2280
E-mail: info@larousse.com.br
www.larousse.com.br

Dedico este livro
à minha filha, Meadow Marie Linn – minha descendente.
Foi para ela que o escrevi.

Sumário

Introdução

"Às vezes cabe a uma geração ser grande.
Vocês podem ser essa grande geração."
– Nelson Mandela, 2005

"A cada decisão que tomamos, devemos considerar as
conseqüências para as sete gerações seguintes."
– Grande Lei da Confederação dos Índios Iroqueses Americanos

Quando você esquece o mundo lá fora e olha para dentro do seu coração, o que vê em relação ao futuro? O que sente está à frente de seu tempo, de sua pátria e do mundo? Onde se vê nos próximos dez ou vinte anos? O que imagina para a humanidade daqui a dez, vinte, cinqüenta, ou até cem anos?

Se a sua visão do futuro for negativa, você não estará só. Para cientistas, políticos, paranormais, visionários, as previsões sugerem que entramos em um dos mais desafiadores séculos de nossa história. Todavia, em vez de nos afligirmos com o futuro, deveríamos nos concentrar em reinventá-lo... e, de fato, *podemos* reinventar nosso destino, assim como o do planeta. Na verdade, nunca houve tempo mais importante que o atual para esse tipo de busca espiritual. Alguns dizem que entramos em uma época de escuridão; temos, porém, a lei universal: "Quanto maior a escuridão, maior é a luz"..., e nunca houve tempo mais premente para que sua luz brilhe de modo ardente, gracioso e belo.

A urgência das crises espirituais e ambientais que a humanidade enfrenta requer métodos corajosos e visionários. Você veio a este planeta para crescer espiritualmente, e é hora de dar o primeiro passo e agir. Assim, leia este livro apenas se estiver pronto para contribuir, de forma amorosa, com seu próprio caminho e com o planeta.

Podemos ignorar as respostas para os desafios que enfrentamos. O essencial, porém, é abandonar as incertezas, os medos e as idéias pessimistas, substituindo-os por fé, otimismo e inteligência, fazendo tudo o que for possível para fortalecer os anos futuros. O segredo é compreender o passado, livrando-se de qualquer aspecto negativo que ele tenha deixado; é preciso cicatrizar as feridas abertas, "curá-las", e este livro lhe dará instrumentos preciosos – quatro passos do poder pessoal – para romper com as influências negativas de seu passado, de forma a ajudá-lo a fortalecer seu futuro. Usando os métodos apresentados neste livro, você pode reinventar seu próprio caminho, que, por sua vez, exercerá forte influência sobre cada aspecto de sua vida, por gerações à frente, inclusive sobre o futuro do planeta.

A jornada deste livro começou há muitos anos, quando foi feita uma avaliação informal na escola de minha filha a respeito da visão das crianças sobre o futuro. O resultado foi desalentador. Muitas declararam que tinham medo de crescer e não queriam se tornar adultas. Os motivos do medo iam da preocupação com desastres nucleares às catástrofes ecológicas e à violência terrorista. Espantei-me com essas reações; garantiram-me, porém, que os resultados não eram típicos, pois a avaliação fora feita em uma escola pública urbana, e não representava a opinião de todas as crianças.

Isso não me aliviou. Parecia-me que os sentimentos das crianças refletiam a tendência perturbadora de crescente medo e negatividade a respeito do futuro. E várias perguntas começaram a me perseguir: "Como criar um mundo em que nossas crianças se sintam seguras? O que fazer para proporcionar um futuro melhor para nossos descendentes? O que *eu* posso fazer?" Tais sentimentos não diminuíram e, anos a fio, procurei respostas.

O medo do futuro se tornou parte do inconsciente coletivo. Durante a virada deste milênio muitas pessoas proclamavam o fim de um ciclo terrestre. Outras diziam que Nostradamus predissera um holocausto nessa data. Alguns temiam que o *bug* do milênio danificasse os computadores, provocando o caos mundial. Patrocinadores da filosofia da Nova Era expressavam sua crença de que estávamos às portas de um tempo de mudanças e catástrofes. Muitos cristãos "renascidos" declaravam que o início do novo século seria o tempo do "Armagedom".

Nada disso ocorreu, e alguns voltaram a atenção para profecias maias que predizem uma catástrofe em 2012. Assisti a uma conferência da Nova Era em que os participantes da mesa-redonda recebiam perguntas como: "*Quando* acontecerá o cataclismo?", e não: "*Haverá* um cataclismo?" Essa pergunta implicava a perturbadora premissa de que um cataclismo inevitável constituía uma *certeza*, e não *uma* entre muitas *possibilidades*.

Predições sombrias não se limitavam apenas a alguns patrocinadores da Nova Era e a cristãos. Ambientalistas e teóricos sociais também prevêem catástrofes ecológicas globais e desastres que geram medo, como ataques terroristas, holocausto nuclear, poluição e envenenamento do planeta, superpopulação, entre outros. Todo esse temor eclipsou nosso senso de ligação com o contexto mais amplo da vida, com nosso futuro e o de nossos filhos e netos.

Para alguns, o fascínio de imaginar uma destruição mundial pode obscurecer a possibilidade de um futuro positivo – o que, por comparação, sugere algo mundano. Entretanto, a importância de resistir a essa preocupação com a destruição pode não ser exagerada, pois *tudo o que esperamos tende a se realizar* em nossa vida. Diante de imensos problemas potenciais, é fácil nos sentirmos esmagados e insignificantes, e isso, caso não seja superado pela fé, alegria e ação, tem o alarmante potencial de fazer com que as predições se realizem.

Acreditar em desastres futuros pode ajudar a criá-los, não talvez em escala planetária, e sim, com certeza, na vida pessoal. Um indivíduo que espera o pior constantemente tem experiências difíceis; já alguém que espera o melhor encontra, com freqüência, boas oportunidades. Os seres humanos tendem a projetar seu processo interior nas circunstâncias externas. Muitas profecias em voga aludem a grandes dilúvios; por exemplo, foi predito que a Califórnia se precipitará no mar; que marés de ondas imensas cobrirão Nova York, Londres, Sidney ou Auckland; e que o oceano Pacífico invadirá a costa oeste até o Colorado, tornando-o um estado portuário.

A "água mortal" não é um conceito novo. Desde Noé e o dilúvio, o simbolismo universal da água que mata e ao mesmo tempo purifica tornou-se tema dominante e recorrente. Nas mitologias da Ásia e Oceania, dilúvios desempenham papel eminente na absolvição e purificação. Até nosso atual rito do batismo usa a água para lavar os pecados. Quando New Orleans foi devastada pela água, infelizmente muitos acreditaram que a cidade estava sendo purificada de sua negatividade. Não acredito nisso, mas penso que é interessante notar que essa crença estava sendo promulgada. Sem dúvida, existe a possibilidade de que - com o aquecimento global - veremos mais inundações tempestuosas; é mais provável, porém, que tais profecias reflitam um simbolismo universal que aponta para a necessidade pessoal de absolvição e purificação. Os indivíduos que acreditam piamente em cataclismos de água podem, de fato, estar projetando suas próprias necessidades sobre o mundo externo. Os adivinhos que prevêem grandes destruições podem estar predizendo sua própria rebelião, e não a do mundo.

Pare e considere: se houvesse um cataclismo a caminho, você acha que temê-lo e empregar sua energia à espera dele melhoraria sua vida *hoje*? Na década de 1970, conheci pessoas tão preocupadas com a possibilidade de desastres iminentes que se isolaram em retiros nas montanhas e estocaram alimentos e armas. Pensavam que, se outros viessem roubar-lhes o alimento, depois de um desastre, eles conseguiriam rechaçá-las. Vinte anos depois, esses indivíduos continuam esperando. Duas décadas de sua vida foram consumidas com paranóia e medo. Será que o medo de um cataclismo, de um ataque terrorista ou do aquecimento global pode aprofundar seus relacionamentos, levar a um ótimo convívio social ou torná-lo mais tolerante e amoroso? Qual a utilidade desse medo?

Os problemas que enfrentamos neste ponto crítico da história da humanidade são reais e podem parecer esmagadores. Para encará-los e resolvê-los, é preciso ter uma visão que nos fortaleça e ajude a nos sentirmos ligados com os outros. Sozinhos, seremos impotentes. Juntos, poderemos mudar o curso da história. Isso foi feito antes. As mudanças na história partiram em geral de minúsculos atos pessoais que se avolumaram em imensos movimentos.

Suas opções pessoais podem ajudar a criar uma nova realidade poderosa para seus próximos anos, e até contribuir de modo amoroso para toda a humanidade. Curando o passado e assumindo a responsabilidade de mudar o jeito como pensa o futuro (e trabalhando de modo simples para tornar um futuro positivo mais possível), você estará co-criando essa realidade. Quando você escolhe *não* se fixar na desesperança ou se fascinar por desastres possíveis, tem mais chances de melhorar sua qualidade de vida e de todos que o cercam.

Se nos propusermos a encontrar juntos um caminho rumo a um futuro alegre e positivo para nós e nossos descendentes, ele acontecerá; e esse caminho rumo a um futuro alegre começa em *você*. Uma só pedra não é capaz de criar uma represa, mas milhares delas podem mudar o curso do mais caudaloso rio.

Quatro passos do poder pessoal

Há quatro passos importantes para encontrar o caminho certo e transformar positivamente o futuro. Em primeiro lugar, precisamos restabelecer a ligação com o passado, explorando nossas raízes e percebendo que somos o produto de uma longa e nobre linhagem de seres humanos que nos precederam. Depois, precisamos selecionar nossa herança, assumindo o que nos fortalece e rompendo com padrões ancestrais negativos. Podemos, em seguida, aprender a mudar nossas crenças limitadas quanto ao futuro. Finalmente, estaremos prontos para realizar ações concretas para fortalecer o amanhã. Aqueles que seguirem esse processo poderão operar mudanças fundamentais em suas próprias vidas, e ainda a ajudar a mudar o curso da história.

Encontre suas raízes!

O primeiro passo é religar-se com seu passado. Lembrando-se de sua ligação com o todo sagrado, com aqueles que vieram antes de você – e com os que virão depois –, é possível encontrar coragem e recursos humanos necessários para enfrentar os problemas do futuro. Para estabelecer esse elo, é essencial descobrir suas raízes. De onde você veio? Qual era sua "gente"? Por que está aqui? Quem é você? Essas questões podem ser mais bem respondidas se você compreender suas raízes ancestrais, porque nós todos estamos sobre os ombros de nossos ancestrais e daqueles que nos precederam.

Cada um de nós é o ponto de destilação de um grande funil no tempo, que consiste na história, cultura e evolução de nossa espécie. Somos o resultado de milhares de anos de esforços de nossos ancestrais para amar, trabalhar, ter filhos e viver suas vidas do melhor modo que conheciam. As soluções que encontraram para seus problemas tornaram possível a nossa realidade hoje. Às vezes não fizeram boas escolhas, e em outras falharam naquilo a que se propunham. Sem eles, porém, jamais estaríamos aqui.

Enfrentar enormes dificuldades e situações esmagadoras não é fenômeno novo para os seres humanos. Nossos longínquos ancestrais se deparavam diariamente com problemas maiores do que encontramos durante uma vida inteira – como fome, morte por doenças comuns e predadores, e a possibilidade de ficar incapacitado por causa de ferimentos relativamente simples. Para enfrentar tais dificuldades, eles tinham meios que perdemos ou esquecemos. Sabiam que eram parte de uma linha ininterrupta que se estendia desde tempos imemoriais, por meio deles e dos que viriam depois. Tinham profunda crença na continuidade da história e forte senso de pertencer a uma comunidade. Os problemas eram enfrentados em grupo, e não individualmente. Acreditavam que, trabalhando junto com empenho, suas ações teriam resultado efetivo. Procuravam soluções que favorecessem a todos e que pudessem passar para a próxima geração.

Nossa sociedade não tem mais esse senso de ligação. Muitas pessoas parecem ter perdido a percepção de que somos parte de uma herança sagrada, de um sagrado *continuum. Somos ao mesmo tempo os descendentes de nossos ancestrais e, por nossa vez, os ancestrais daqueles que nos seguirão.*

Nosso senso de ligação com o passado foi engolido pelo despertar de mudanças imensas que ocorreram no último século. De viagens a cavalo ou de carruagem passamos a levar o homem à Lua. A comunicação por correio ou telégrafo foi substituída por transmissões instantâneas, via satélite, por telefones celulares e pela internet. A grande e frenética circulação de pessoas tornou o mundo uma aldeia global, mas também provocou o colapso de culturas locais. Poucas pessoas considerarão apenas um lugar como seu lar; uma família média americana se muda ao menos uma vez a cada cinco anos. Apesar dessa mobilidade aumentar as opções pessoais, ela também diminui o senso de ligação com os lugares em que vivemos e com as comunidades e tradições que neles existem.

Nossos valores culturais sobre sucesso e fracasso e a relação com a família foram alterados pelas mudanças no planeta. A santidade do lar foi substituída por uma sociedade móvel, em que a educação, o entretenimento e as refeições se realizam fora de casa. Oportunidades para os mais velhos ensinarem e treinarem os jovens quase desapareceram, e há uma separação cada vez maior entre as gerações.

Na cultura ocidental, consideramos a geração mais velha como fardo inútil. Os anciãos não são respeitados nem recebem atenção, e esse desinteresse é reforçado pelo crescente senso de isolamento das pessoas. Esses sentimentos afetam tanto os mais jovens como os mais velhos. Famílias com filhos jovens não têm mais o apoio de parentes para ajudá-las em casos de doença ou quando simplesmente precisam se ausentar por um breve tempo. Os filhos com freqüência não conhecem tias, tios e avós, e crescem sem ter idéia do que significa se sentir parte de um clã maior.

As mudanças aconteceram tão rapidamente que não há tempo para assimilá-las. Temos um incrível cortejo de invenções para poupar tempo em nossas vidas - máquina de lavar louças, máquina de lavar roupas, refeições instantâneas, microondas etc. - e, no entanto, parece que temos menos tempo do que nunca.

Nossos ancestrais conseguiam assimilar melhor a mudança em suas vidas porque novos eventos e desafios eram incorporados aos modelos já presentes por meio da tradição e do ritual. Eles não eram esmagados por milhares de mudanças ou alarmantes notícias; costumavam transmitir suas "notícias" na forma de histórias contadas à noite, em torno da fogueira tribal. Os problemas potenciais, os eventos em curso e os desafios eram discutidos e avaliados a partir de uma história ancestral. Isso fornecia uma âncora, um meio de situar o presente olhando o passado, o que, por sua vez, providenciava um contexto para futuras decisões. O respeito pela tradição e pelas memórias coletivas de acontecimentos passados - assim como de falhas que eram eventualmente superadas - promovia sentimentos de segurança diante de dificuldades.

A consciência de que todas as gerações - passadas, presentes e futuras - estavam ligadas, conectadas, garantia um senso de grave responsabilidade a respeito do impacto e das conseqüências de ações presentes. Restabelecer o elo com nossos ancestrais nos ajuda a instilar um senso de continuidade, dando-nos maior compreensão de quem somos e de onde viemos.

Livre-se dos padrões negativos!

O próximo passo é descobrir padrões negativos – tanto atuais e familiares como ancestrais. Já que não precisamos gastar a maior parte do tempo em busca da simples sobrevivência, chegamos a um ponto da evolução em que finalmente podemos nos dedicar à tarefa de nos libertar de padrões negativos, de modo que não sejam passados para nossos descendentes. Uma herança negativa pode ter um efeito inacreditável em nossas emoções, especialmente se elas não estiverem equilibradas.

Para instigar mudança, precisamos não só de dedicação para desenvolver as influências positivas que herdamos, mas também capacidade para perceber as negativas, a fim de não passá-las adiante. Curar o passado ajuda a reestruturar o presente, e isso se torna esperança para o futuro. Tornando-nos conscientes e rompendo o ciclo de padrões familiares negativos, ajudamos a criar um novo inconsciente coletivo – essencial para a continuidade da vida em nosso planeta.

Crie uma nova visão do futuro!

O terceiro passo é criar uma nova visão do futuro. Isso é necessário, porque nosso mundo coletivo chegou a uma crise de percepção. Perdemos a capacidade de ver um amanhã positivo e alegre. O surgimento de um novo inconsciente coletivo pode, realmente, começar com uma pessoa. Os atos e pensamentos construtivos de um só indivíduo, que não aceite a ideologia convencional de que o futuro é desolador, podem dar início a uma mudança real da consciência global.

Para transformar o mundo, é inestimável identificar as crenças negativas que temos em relação ao futuro do planeta. Somos todos um microcosmo para o macrocosmo. Mudando o cerne de algumas de nossas crenças limitantes, criaremos uma energia que emana de nós, tocando os corações e as almas daqueles que nos cercam, como ondas em um lago tranqüilo. E, por sua vez, outros ao redor dessas pessoas também serão afetados.

Quando você começar a sentir uma ligação mística com o futuro, isso poderá ajudar outros a encontrarem seu elo com as gerações seguintes.

Muitos de meus ancestrais eram americanos nativos da tribo cherokee e, para eles, uma estrutura tradicional de tempo era a de sete gerações. Esse período um tanto mágico, que pode na verdade ser algo entre cem e duzentos anos, preparava a imaginação coletiva de meus ancestrais para visualizar mentalmente as pessoas que viriam depois deles. Pensar o tempo como unidades de medida que progridem metodicamente para a frente, em um distante e inimaginável futuro, é algo totalmente diferente de imaginar o que os filhos de nossos tetranetos poderão ser. A primeira forma faz a pessoa sentir-se descomprometida e até incapacitada, ao passo que a segunda traz imediatamente imagens, esperanças, planos e especulações, que naturalmente tendem a gerar ação criativa no presente.

Entre em ação!

O quarto passo é entrar em ação. Imaginar o que os descendentes biológicos e espirituais poderão ser nos inspira a tomar atitudes específicas, capazes de contribuir para que isso de fato aconteça. Qualquer atitude pode fazer diferença. Sem dúvida, há desafios para a raça humana neste ponto da história; sempre houve e sempre haverá. Todavia, em vez de permitir que essas dificuldades diminuam nossos sonhos e nosso potencial para o heroísmo, elas podem nos inspirar. Podemos voltar à antiga tradição de respeitar o que de melhor nos foi passado, combinada com a máxima preocupação com o que virá depois de nós.

Este livro representa minha busca pessoal por respostas para a perseguidora sombra de medo que vi certa vez, estampada na face das colegas de escola de minha filha. Ela espelhava o temor e a desesperança que todos nós sentimos quando somos confrontados com possíveis catástrofes. Acredito que devamos enfrentar e transformar esses sentimentos na esperança de criar um futuro positivo e radiante para todos nós. Precisamos compreender nossas raízes, procurando e honrando o que de melhor herdamos, a fim de fortalecer nossos descendentes, a fim de que eles passem a tocha para muito além de nós.

Participe comigo no trabalho de tornar esta visão uma realidade. Nestas páginas, você encontrará diversos métodos para entender seu passado, sanando feridas abertas, com o intuito de enxergar de modo positivo o futuro para, depois, entrar em ação.

1

A FORÇA DAS GERAÇÕES

De repente, como fogo rápido, os salmões se precipitavam em pânico pela torrente de água. Red Bird rastejava silenciosamente no capim alto, com o arco sensível e de prontidão. Escutava atentamente o leve e ritmado pléch, pléch, pléch, que subia rio acima. Nesse momento, um enorme urso ferido assomou à curva. Red Bird ralentou a respiração e esperou.

Esse velho urso chegara espontaneamente à aldeia de Red Bird e atacara um homem. O inverno chegava, e a aldeia não estaria a salvo enquanto o urso vivesse. Armado apenas de um pequeno arco e de coragem, Red Bird esperou. Sentia os músculos tesos no ar frio da manhã. Relaxou, enquanto observava o urso se aproximar.

Red Bird esperou o urso chegar perto, retesou o arco ao máximo, mirou, e disparou. O rumor do arco não alarmou o urso. Se a flecha havia penetrado, ele não tinha reagido. Então, como se seus sentidos tivessem acordado, o urso levantou a pesada cabeça e olhou fixamente para Red Bird. Lenta e deliberadamente, foi se aproximando do guerreiro.

Red Bird, também deliberadamente, empunhou novamente o arco. Sabendo que sua sorte dependia do próximo disparo, ele mirou cuidadosamente, fitou os olhos negros do urso... e esperou. "Mais um passo", pensou ele, "mais um passo, e disparo". De repente, sem alarme, o velho urso caiu por terra. A primeira flecha encontrara seu alvo.

Essa história sobre a coragem de um caçador nativo americano ilustra que as raízes de sua bravura mergulhavam longe no passado, muito antes de ele nascer. Seu pai era caçador, e também seu avô e bisavô. Na adolescência, Red Bird aprendera métodos de rastrear e matar a presa, as mesmas técnicas que seu pai aprendera do pai *dele*, que, por sua vez, aprendera do pai *dele*, e assim por diante. A função vitalmente importante de prover o alimento para a família e a aldeia estava ligada, gerações a fio, ao papel dos homens em sua cultura.

Quando as pessoas vivem em pequenas comunidades e aldeias, elas freqüentemente têm um senso de ligação com o passado que dignifica seus atos e nelas instila um senso de gratidão por aqueles que transmitiram as tradições. Ninguém era caçador por si mesmo, por causa do meio ambiente ou do acaso. Cada membro pertencia a uma longa linhagem de caçadores, enfrentando as mesmas dificuldades e provando as mesmas vitórias que seus ancestrais. Essa linhagem fornecia um senso do sagrado para os atos diários e provia um contexto para interpretar as experiências individuais.

Uma força incrível derivava de viver em um mundo em que a pessoa não se sentia sozinha. Além de ser parte de uma família e aldeia, a pessoa era também um elo importante em uma longa, forte e inquebrantável corrente que se estendia, para trás e para a frente, no tempo. Isso, sem dúvida, a fortalecia. Questões como: "Qual é o significado de tudo isso?" e "Minha vida fará diferença para alguém?" dificilmente apareciam. Era claro para o indivíduo o papel que ele desempenhava em sua cultura. Isso era tão óbvio quanto seria difícil para uma aldeia se alguém ficasse de repente incapaz de continuar sua função. Cada um dependia de todos, e particularmente da sabedoria dos anciãos, porque eram eles que haviam vivido mais e visto o bastante a fim de se estar apto para enfrentar qualquer coisa.

Conforme C. G. Jung, "um ser humano sem dúvida não chegaria aos setenta ou oitenta anos se a sua longevidade não tivesse significado para a espécie humana. ... O entardecer da vida humana deve ter uma significação em si mesma e não pode ser apenas um lamentável apêndice da manhã da vida".[1] Após alguém fazer carreira, talvez ter formado família e pagar tributos à sociedade, deve haver algum propósito para a segunda metade da vida.

Os anciãos de antigas culturas eram pacificadores. Os homens, da adolescência à maturidade, tinham em geral comportamento agressivo, e eram os mais velhos que repudiavam a violência, evitavam provocações e encorajavam a paz. Eles continham as tendências agressivas dos jovens com equilíbrio e bom senso. Nós perdemos esse equilíbrio saudável.

Além disso, nas antigas culturas, os anciãos eram os guardiões da sabedoria sagrada e dos mistérios interiores. Tradicionalmente, depois que o indivíduo cumpria seu papel reprodutor e doava todos os seus anos fisicamente produtivos, era hora de voltar sua energia para o campo espiritual. Por esse motivo, a herança espiritual e o legado da tribo ficavam a cargo dos anciãos, que os preservavam para as gerações seguintes. A função deles como guardas da memória tribal era essencial para a sobrevivência da sociedade. Sem memória, uma nação não tem futuro. Por exemplo, os anciãos poderiam ter sobrevivido a uma grande seca que ocorrera cinqüenta anos antes, e sabiam o que devia ser feito para sobreviver a tal desastre. A vida da comunidade inteira dependia da perícia, da sabedoria e do conhecimento desses anciãos.

---

1 JUNG, C. G. *Modern Man in Search of His Soul*. Nova York, Harcout, Brace, and Company, 1936, pp. 125-126.

Um exemplo atual disso ocorreu durante o *tsunami* de dezembro de 2004, que atingiu a Tailândia e as regiões vizinhas. Uma comunidade de pessoas chamada Morgan Sea Gypsies [Ciganos do mar Morgan], que vivia isolada havia décadas em uma ilha mais distante da costa da Tailândia, emergiu do *tsunami* quase incólume por causa da sabedoria tribal que tinha passado às gerações o que fazer quando a "onda que devora o povo" acontecesse. A comunidade inteira se salvou porque os anciãos se lembraram do que lhes fora passado.

No mundo atual, muitas pessoas sentem uma espécie de "falta de chão" na vida, que perde o significado, e, inconscientemente, anseiam pela idéia de pertencimento, comum nas comunidades ancestrais. Para alguns, essa necessidade de pertencer a um grupo é simplesmente impossível dentro do contexto de suas próprias famílias fragmentadas. Esse fato explica provavelmente a popularidade de religiões e grupos que freqüentemente possuem regras severas e restritivas cuja função é reger o comportamento de seus membros. Podemos nos espantar com o fato de alguém querer pertencer a tal grupo, dada a considerável redução da liberdade pessoal que isso pode acarretar, mas parece também que essas pessoas não são de fato atraídas pela rotina rígida desse tipo de grupo, e sim pela idéia de pertencimento que a associação a uma sólida comunidade oferece.

Alguns de nós não iriam tão longe ao abraçar um culto; no entanto, ainda procuramos por algo que possa nos prover desse senso de pertencimento, em busca de um ideal que seja maior que nós mesmos. Ansiamos por algo em que possamos acreditar e ao qual entregaríamos nosso coração. Além disso, procuramos mentores, pessoas que caminharam antes de nós e que possam partilhar conosco sua sabedoria. Procuramos por anciãos. É como se, em nível profundo e inconsciente, tivéssemos necessidade de recriar a experiência de pertencer a uma tribo.

Esses anseios são compreensíveis e naturais, parte de nossa herança humana. Infelizmente, a Revolução Industrial e a incrível rapidez do ritmo das mudanças, fato típico da vida moderna, romperam o senso de continuidade, que é nosso patrimônio de *homo sapiens*. Quando olhamos para nossos avós e outras pessoas idosas na sociedade, com freqüência não achamos que eles sejam nobres indivíduos que sobreviveram à devastação do tempo e da sorte e que conservam sua sabedoria como jóia preciosa dentro de si mesmos. Na grande maioria, são pessoas desanimadas, diferentes de nós; são indivíduos que podem ter-se tornado cada vez menos sábios e fortes no final de suas vidas, por se sentirem inúteis e não respeitados.

Podemos desejar nos voltarmos para os anciãos e deles receber ajuda para encontrarmos nosso caminho. Contudo, a realidade da situação é que em nossa cultura esse papel foi eliminado no último século. Como resultado, os idosos não são mais sábios do que nós. Talvez sua tia-avó gaste os dias vendo novelas e que, em vez de ser uma honrada anciã, compreenda menos que você. Isso é uma tragédia. Esse problema, que pode parecer apenas uma pequena parte das muitas coisas obviamente fora de equilíbrio com nosso mundo, é atualmente bastante significativo.

A ligação com o passado, com os ancestrais e com os anciãos que podem ainda estar vivos em nossas famílias poderia nos fornecer um senso de continuidade real, apoiando-nos em horas de dúvida e de dificuldades. Contudo, esse elo foi abalado pelas mudanças maciças que ocorreram em nosso mundo. Há uma fenda, um corte aberto na linha que liga o passado ao futuro, *e nos sentimos perdidos e ansiando por algo que não temos memória consciente de ter perdido*.

Acredito que restabelecer o senso de ligação com os ancestrais seja uma tarefa heróica que nos desafia neste ponto da história. Trata-se de uma incumbência que foi apresentada para que nossa geração a cumpra. Disso depende não só a cura pessoal e familiar, mas também a do planeta.

A importância dessa tarefa é enorme. Todavia, não devemos nos sentir esmagados. Podemos não ser capazes de imediatamente transformar os anciãos que conhecemos em sábios que possam nos ajudar a encontrar nosso caminho; entretanto, há passos transformadores que podemos dar nessa direção. Há ações que podemos realizar agora e que terão influência efetiva, não só em nossas vidas, mas também nas daqueles que virão depois de nós.

✵✵✵

O mais simples e lógico ponto de partida é você mesmo. Por quê? Porque você tem poder sobre si mesmo. Enquanto não aprender a utilizar totalmente esse poder, não estará pronto para, com ele, enfrentar o mundo. Olhe sua vida e para onde ela se dirige; imagine-se em idade avançada. Que opções você está fazendo agora e que aumentarão sua sabedoria e capacidade? Sua vida beneficiará os que virão depois? Que tipo de ancião será? Como pode contribuir para um senso de ligação com os seres humanos, seus companheiros?

O fato é que você já é um ancião de muitas maneiras, um ancião em *desenvolvimento*. Há áreas de sua vida em que aprendeu lições valiosas que o ajudaram a sobreviver. Tome consciência delas. Observe-as e honre o significado que tiveram, tornando melhor sua própria vida e a dos que o rodeiam. Ninguém se torna ancião de uma vez. Cada escolha sua, cada pequena vitória alcançada no contínuo processo do viver, aumenta seu tesouro pessoal de sabedoria e o transforma no membro mais valioso de sua comunidade. Para nossas comunidades ancestrais, o que fazia de um ancião um verdadeiro sábio era o vasto tesouro de sabedoria que ele acumulava durante sua longa vida. Você se encontra, exatamente agora, no processo de edificar esse depósito de conhecimento e de experiência. Trata-se de uma responsabilidade altamente significativa.

Se viver com cuidado e senso de ligação com os outros, você verá que solicitarão sua ajuda e opinião. Isso é sinal de que está começando a atuar como ancião no círculo de sua família, escola, igreja, ou qualquer outro meio que defina como sua comunidade. Pertencemos a muitos círculos diferentes, alguns superpostos. Esteja atento a seu lugar em cada um deles – consciente da configuração mais ampla de toda a sua vida – e ao papel que pode desempenhar como ancião.

Escolhendo se tornar um sábio ancião, você estará reparando e restabelecendo a continuidade da descendência, e isso começa a restaurar o caminho que, de seus ancestrais, teria chegado até você. Tornar-se ancião é tarefa sagrada, e pode conferir significado a todos os aspectos da vida, tanto às celebrações e às vitórias como aos tempos de dificuldade e derrota. Perguntar a si mesmo: "O que posso aprender com isso e que valor poderia ter para alguém?" ou "Como posso explicar o modo como superei esse tempo difícil, de maneira que isso ajude meus descendentes espirituais?" pode lhe fornecer um instrumento único e inestimável para classificar suas experiências. Isso pode tornar suas ações diárias, até as mais corriqueiras, significativas e sagradas.

Comprometendo-se a se tornar um sábio ancião, você pode começar a honrar e cultivar esse empenho em cada um que o rodeia, principalmente o idoso. Todos os seres humanos têm potencial para serem melhores. Todos nós temos sementes de graça, compaixão, sabedoria e amor dentro de nós. Qualquer coisa que esperarmos que ocorra na vida tende a se tornar o que encontraremos. Portanto, quando você escolher notar e responder à nobreza naqueles que o cercam, há muita probabilidade de que será exatamente isso o que encontrará neles.

Pode ser que seu avô seja irascível e egocêntrico. Acreditando que ele também é capaz de muito mais – e sabendo que deve ter havido momentos na vida dele em que foi afável e compassivo –, você o ajudará a se tornar o sábio ancião de que necessita que ele seja. Isso também ajuda a instilar dentro do vasto oceano da consciência coletiva a idéia de valorizar nossos idosos por sua sabedoria. E assim será. Pequenos atos individuais podem ganhar força até se tornarem movimentos poderosos e incontroláveis.

Este livro apresenta muitas perspectivas diferentes para abordar o desafio dos anos futuros. Acredito que formar uma ampla visão de nossa história, estendendo-se para trás até os tempos pré-históricos de nossos ancestrais e adentrando no distante futuro, fornece-nos uma perspectiva única sobre nossa vida. Essa visão geral da vida é um modo de perceber a realidade que nos dá esperança e senso de profundo significado. Quando você sabe que é um elo vital que liga seus ancestrais a seus filhos, ou àqueles que virão depois, então a morte não será mais uma tragédia sem sentido; você sabe que seu espírito permanecerá vivo. Quando morrer, o legado que passou a seus filhos continuará sendo uma contribuição essencial para a vida deles. Você terá a consciência de ser parte essencial e incrivelmente valiosa de algo maior do que si mesmo. Você sabe que as ações que realiza têm um impacto remoto porque você está ligado a todos os que o rodeiam, aos que vieram antes e aos que ainda não nasceram. Você terá a experiência de ser membro da tribo humana.

Nada em nosso passado individual e coletivo é cor-de-rosa e nostálgico. Nem deve ser. Nossa tarefa não é negar as partes negativas do passado. Parte de nosso caminho consiste em classificar os comportamentos e as qualidades que funcionaram bem, listando ainda aqueles que nos prejudicaram e impediram que atingíssemos nosso pleno potencial. Este é o significado da evolução; isso é parte da herança que nos foi transmitida. É o que nossos antepassados fizeram desde que se tornaram humanos.

Confrontados com os enormes desafios que o mundo nos apresenta, é fácil ficarmos temerosos e cheios de desespero. Contudo, se começarmos a consertar a brecha que nos separa do passado, poderemos também perceber que tudo o que temos a fazer é dar pequenos passos na direção correta. É o que nossos ancestrais fizeram. Eles não conquistaram tudo de uma vez, mas realizaram ações pequenas e individuais, que coletivamente contribuíram para o futuro. Em nosso tempo na Terra, precisamos apenas fazer nossa parte e passar a tocha dos melhores esforços e das mais elevadas esperanças para a próxima geração. Eles a levarão adiante, para a terra em que nossos sonhos se realizarão. Esta é a força das gerações.

2

Encontre suas raízes e honre seus ancestrais

Há alguns anos, recebi uma carta que minha avó cherokee havia escrito na década de 1920. Ela aí contava sobre seus perus:

> *Os anos em que criei perus foram bons e magros, mas cada um deles excitante... Meu grande sucesso depende muito de fatores naturais. Por exemplo, este ano, a contaminação do riacho por água salgada custou-me muitas aves. Coiotes... me causaram pesadas perdas e, justamente quando aves novas começaram a se empoleirar nas árvores, grandes corujas apareceram e acabaram com elas em incursões noturnas. Contudo, não há cena mais bela em meu sítio do que minhas centenas de perus se reunindo para se alimentar no pôr-do-sol nos amplos campos que margeiam o riacho. Suas penas lustrosas crescem... garantindo que meu pesado trabalho foi recompensado.*

Ao ler suas palavras, há tanto tempo escritas, percebi que sua atitude e até o estilo de escrever refletiam, sob muitos aspectos, os de minha mãe, de mim mesma e de minha filha. Fiquei intrigada com as semelhanças que pareciam se enraizar no curso das gerações. Por exemplo, apesar do desencorajamento e de muitos de seus perus se perderem, ela se alegra com as "penas lustrosas".

Essa passagem da carta me fez refletir sobre como a tendência de ver a beleza, apesar da dificuldade, se filtrara para os descendentes. Lembrei-me de um acidente que tive aos 17 anos, quando fui atingida por um franco-atirador. Eu sofria muito enquanto era transportada para um hospital próximo, mas olhei pela janela da ambulância, e lembro-me de pensar como eram belas as folhas nos topos das árvores, vistas contra o tremeluzente céu azul. Embora ferida, pareceu-me natural considerar a beleza das árvores que desfilavam. Também pensei em como essa qualidade reside em minha filha Meadow, que era membro de um time e, durante três anos, *nunca havia feito um ponto*. Depois de cada jogo, ela dizia: "Mamãe, não foi desta vez. Realmente jogamos duro!".

Fiquei animada ao saber que a tenacidade de espírito e a habilidade de ver o melhor nas pessoas e nas situações foram passadas a mim por meus predecessores. Fundamentos para a confiança, a força ou a criatividade podem vir de sua família, criação e linhagem, mas pode haver também um lado escuro na herança pessoal. Quando você rastrear suas raízes e vasculhar mais seus ancestrais, encontrará um *continuum* de características, do útil ao prejudicial, que lhe foram passadas por meio das gerações. Você é neste momento uma mistura de numerosos fatores biológicos e psíquicos. Parte de seu senso de si mesmo pode remeter a condicionamentos culturais e familiares; contudo, você também é afetado por legados ancestrais que podem ter efeito poderoso em sua identidade, *ainda que não esteja claramente consciente deles.*

Legado ancestral físico: a presença da ancestralidade em seus genes

Dentro de cada célula de seu corpo há um vestígio microscópico de cada um de seus antepassados. É surpreendente como, por muitas gerações, similaridades faciais e outras semelhanças físicas persistem em uma família. Também se observa com freqüência que determinada família mantém perfis psicológicos ou maneirismos. Talvez os homens sejam conhecidos pelo temperamento fogoso, ou as mulheres sempre se casaram jovens. É claro que esses traços podem estar ligados a fatores ambientais, mas também é documentada a influência genética, que predispõe grupos familiares a certos tipos de comportamento. A predisposição genética ao alcoolismo é um fenômeno cultural, cuja presença já foi comprovada em determinadas populações em grau muito maior que em outras.

Os xamãs da Sibéria dizem que uma pessoa jamais poderá se tornar um deles se não houver outros em sua linhagem, porque o dom xamanístico passa de geração a geração pelos genes. Eles acreditam ainda que xamãs ancestrais podem, mesmo do reino espiritual, impelir um indivíduo a se tornar um deles.

Legado ancestral no comportamento

As influências na aparência física podem ser óbvias. Ainda mais sutis são os valores ocultos, as crenças e os comportamentos que passaram por meio das gerações. A identificação e a exploração dessas características podem ser muito valiosas no processo de autoconhecimento profundo. Embora sejamos todos descendentes do mesmo ancestral, é a herança específica – étnica, biológica e cultural – que constitui nossa base e torna cada um de nós único.

Você é continuamente afetado por sua herança ancestral, ainda que os efeitos dela possam, em geral, ser inconscientes ou subliminares. Sua linhagem o influencia continuamente, e seu caminho na vida é freqüentemente determinado por acontecimentos dos quais você não está claramente consciente ou que prefere ignorar. Tomando a decisão consciente de explorar sua herança ancestral, você poderá determinar quais qualidades herdou e que poderia deixar de lado. Isso lhe permitirá se tornar mais livre para fazer suas opções sobre como viver.

Ao explorar suas raízes, é possível encontrar a fonte de seu comportamento atual, parte do qual é aprendido com sua família ou é resultado de antigas experiências infantis. Outros comportamentos podem ser atribuídos ao meio cultural em que você cresceu, ou a experiências passadas, ou ainda à herança. Embora haja muitas razões para suas atitudes atuais e seu comportamento, é proveitoso descobrir qual parte de sua personalidade é resultado de padrões ancestrais herdados. Com freqüência, opções pessoais podem estar enraizadas em padrões familiares, repetidos por várias gerações. Como muitas pessoas não estão familiarizadas com seus ancestrais, elas podem não estar conscientes de que suas opções são parte de um padrão familiar mais amplo e repetitivo.

David, meu marido, foi hábil carpinteiro e trabalhou na reforma de casas por mais de vinte anos, antes de se tornar um artista. Seu trabalho era primoroso e, por isso, ele era muito requisitado para restaurar belas residências antigas. Quando sua irmã se interessou por genealogia e pesquisou seus ancestrais, acabou descobrindo que muitos antepassados de David haviam sido carpinteiros. Meu marido não percebera que a carpintaria era parte de sua herança. Ficou particularmente interessado ao saber que seu bisavô havia sido restaurador de casas no estado de Washington, onde vivera naquele tempo. Washington não era o estado em que David crescera, e ficou surpreso ao perceber que seu ancestral havia feito exatamente a mesma espécie de trabalho que ele fazia, e no mesmo campo e estado que ele havia escolhido para viver!

As qualidades são freqüentemente passadas de uma geração para a outra, sem que os membros das famílias estejam conscientes de que os padrões, os rituais e as crenças específicos que aprenderam não são universais, mas particulares de sua própria linhagem. Em muitas famílias haverá caminhos comuns, que passam pela escolha de profissão, perfil de personalidade, modos de abordar os problemas e perspectivas básicas da vida. Em geral, esses traços serão claramente assumidos e admitidos pelos membros da família, que podem considerá-los "o jeito certo de fazer as coisas", mas, ao mesmo tempo, esquecer a riqueza de várias opções que existem em outras famílias e culturas. Com freqüência, estão cegos para a existência desses padrões.

Os traços familiares podem não só ser aprendidos, mas também herdados. Uma pesquisa recente na universidade de Minnesota com gêmeos idênticos descobriu notáveis similaridades entre irmãos geneticamente idênticos – não só na aparência, mas também na personalidade, nos hábitos e nas preferências pessoais –, ainda que separados pelo nascimento. Tais semelhanças nos gêmeos podem levar a crer na idéia de que os traços familiares são tanto herdados como aprendidos.

Uma linhagem familiar pode possuir um perpétuo senso de otimismo sobre a vida. Apesar de tudo o que aconteça a seus membros, eles sempre agem com uma crença básica de que no fim tudo dará certo. Outra família, enfrentando exatamente o mesmo tipo de eventos, reagirá a eles com senso de fatalismo e interpretará cada tragédia ou dificuldade como sinal de que estão condenados ao fracasso. Esse tipo de comportamento afetará com certeza a tomada de atitudes e a habilidade em lidar com os inevitáveis problemas da vida. Alguns traços e tendências familiares podem ser úteis, ao passo que outros são claramente prejudiciais, mas é apenas conhecendo sua herança familiar que você será capaz de selecionar o que é melhor para suas opções.

Embora muitas pessoas não consigam rastrear padrões ancestrais tão longe, é fascinante ver como eles atravessam as gerações. Podemos pensar que éramos apenas nós que ensinávamos valores a nossos filhos; atualmente, porém, somos tanto os recipientes como os mestres de uma longa tradição de características que fizeram nossas famílias serem o que são. Os valores que transmitimos continuam muito além de nossas próprias vidas e das dos que nos seguem. As opções que fazemos não são unicamente para nós. Elas atualmente já destilam tudo o que veio antes de nós. Por mais conscientes que nos tornemos sobre nossa linhagem, e por mais livres que nos sintamos, devemos honrar o que é melhor, e deixar o resto.

A criança que vive com vergonha aprende a ser culpada.
A criança que vive com crítica aprende a condenar.
A criança que vive com hostilidade aprende a ser agressiva.
A criança que vive com dominação aprende a dominar.
A criança que vive com medo aprende a ser medrosa.
A criança que vive com encorajamento aprende a ser confiante.
A criança que vive com aplauso aprende a animar os outros.
A criança que vive com equidade aprende a ser justa.
A criança que vive com tolerância aprende a ser acolhedora.
A criança que vive com amor aprende a amar.

Defina e descubra seus ancestrais

Existem muitos modos válidos de considerar a noção de ancestral. Há, naturalmente, seus ancestrais biológicos, as pessoas cujos genes você leva consigo. Contudo, se você for adotado ou criado em uma família com a qual não está biologicamente relacionado, provavelmente irá considerá-la seus ancestrais. Há também antepassados étnicos, culturais e até mitológicos, que ajudaram a formar sua herança ancestral. Todos esses vários tipos exerceram uma profunda influência em como você chegou a ser a pessoa que é. Quando explorar essas influências, sua compreensão de si mesmo aumentará, tal como o leque de opções à sua frente. *Se você realmente quiser conhecer quem é, então será absolutamente essencial que descubra quem é "sua gente".*

A força da intenção para encontrar suas raízes

Ao pesquisar suas raízes familiares, é importante querer de fato que as respostas cheguem a você. Um dos meios para isso é o rito, a cerimônia. Há muita força nos gestos simbólicos, de modo que você pode até criar um ritual, como acender uma vela enquanto se concentra nos assuntos familiares que lhe serão revelados. A energia de sua vontade é tal que pode ativar forças invisíveis e, no entanto, observáveis, para ajudá-lo em sua pesquisa. Ainda que não esteja conscientemente mantendo esse propósito, seu desejo inconsciente de compreender e de se ligar com suas raízes pode emitir um silencioso, mas poderoso, chamado para outros membros familiares.

Por vezes, você pode não estar consciente da vontade de se reunir com seus familiares, mas forças invisíveis e amorosas provocarão a reunião. Nem sempre estamos conscientes de nossos mais profundos desejos. Mas o inconsciente, que os conhece, poderá realizá-los por meio de acasos misteriosos, ou seja, pela sincronia entre eventos aparentemente desconexos.

Ancestrais biológicos

Se você foi criado por seus pais biológicos, o lugar mais fácil para começar a pesquisa é sua própria família. Converse com seus parentes e pergunte a opinião deles sobre sua infância. Fale também com seus irmãos. A percepção deles sobre seu crescimento pode ser um pouco diferente da sua, capaz de lhe fornecer uma visão alternativa de sua família.

Reuniões

Converse com todos os seus parentes: tias, tios, avós, primos próximos ou distantes. Uma boa idéia para conseguir isso é marcar uma reunião. Se a sua família não tem o costume de fazê-las, você pode organizar uma, ou talvez comunicar a idéia a um parente mais próximo. Uma reunião familiar é o modo mais natural de contar histórias antigas. Você pode providenciar um gravador ou *notebook* para entrevistar parentes mais velhos, perguntando-lhes a respeito de suas vidas. Descubra detalhes e opiniões gerais. Faça perguntas que vão de "Como foi seu primeiro encontro com sua esposa?" até "Se fosse escrever suas memórias, que título daria ao livro?", ou ainda "Diga três palavras que usaria para descrever a si mesmo". Pôr-se desse modo a conhecer os membros de sua família não será apenas divertido, mas também lhe fornecerá dados inestimáveis e significativos para examinar padrões familiares.

Árvore familiar

Algo que você pode fazer em uma reunião é começar a elaborar uma árvore familiar. Com freqüência outros parentes irão se interessar pela história da família. Talvez alguém já tenha começado a fazer uma. Você não precisa se comprometer com uma profunda pesquisa genealógica para elaborar uma simples árvore familiar. Apenas pegue uma folha de papel e comece com você e seus irmãos. Anote então o nome de seus pais e os dos irmãos deles, seus pais e avós. Veja quão longe pode chegar antes que a coisa se complique ou que seu nível de interesse e/ou de informação comece a diminuir. Se preferir, dedique uma página em seu *notebook* para cada membro da família e nela anote toda informação que encontrar sobre essa pessoa. Naturalmente, você não precisa esperar uma reunião familiar para começar. Há muitas fontes de informação para rastrear sua ancestralidade.

Pesquise suas raízes

Há livros e programas em CD-ROM, especialmente feitos para ajudá-lo a pesquisar e elaborar uma árvore familiar. Também existe uma riqueza de informação genealógica disponível na internet, desde *chats* até quadros de comunicação para *websites* individuais.

Depois de ter elaborado o diagrama de sua árvore, trabalhe em seu *notebook* a informação sobre todos os membros de sua família. Seja um detetive e encontre o máximo de informações que puder sobre seus parentes. Isso inclui dados básicos, como onde nasceram, viveram, com quem se casaram, quando e como faleceram. Contudo, você aprenderá muito mais sobre eles e si mesmo se continuar e descobrir o que faziam, quais eram seus *hobbies*, o que esperavam e sonhavam, quais desapontamentos e tragédias formaram sua vida, quais foram seus grandes triunfos e por quais prejuízos passaram.

Você pode conversar com pessoas que os conheceram bem, a fim de encontrar esse tipo de informação. Outros membros familiares, amigos íntimos, cartas antigas, obituários e diferentes tipos de notícias são fontes para começar, e você pode, sem dúvida, realizar entrevistas familiares por telefone, quando a conversa direta for impossível. Pequenos fragmentos de informação podem levar a uma rica compreensão de seus antepassados.

Faça uma peregrinação

Fazer peregrinações a lugares em que seus ancestrais viveram, onde nasceram e onde foram sepultados é um excelente meio de se ligar com sua herança. Você pode aprender sobre o mundo em que eles viveram, como também sobre o modo como o viam. Sinta a relação deles com a terra em que viveram e o lugar que ocupavam na comunidade. Se não houver ninguém que tenha conhecido seus parentes no local, você poderá usar sua intuição para imaginar como era o mundo para eles, e disso deduzir alguns impactos que seus antepassados tiveram em sua vida.

Ao pesquisar, seja sensível ao significado da informação que reúne. Você está procurando o contexto maior do que isso tudo significa, e o impacto que teve em sua própria vida - e não apenas fatos passados. Está procurando encontrar quais tipos de pessoa eram seus ancestrais - suas idiossincrasias, os traços pessoais que os tornaram únicos - e não simplesmente seus dados biográficos. Quanto mais pessoal e profunda for sua compreensão de seus antepassados, tanto mais útil será sua pesquisa para entender sua própria vida.

EXERCÍCIO:
Viagem até seus ancestrais diretos

Este exercício o leva a uma ligação com seus ancestrais biológicos. Com ele, você começa a compreender as forças que eles lhe transmitiram e que deram forma à sua vida. Você pode gravá-lo e ouvi-lo, ter uma pessoa que o leia ou, ainda, lembrá-lo de memória e começar sua viagem. Escolha um aposento ou lugar tranqüilo, onde não seja perturbado, e fique em uma posição confortável. Se quiser, coloque um fundo musical suave. Respire com ritmo e profundamente, para sentir-se bem relaxado. Comece.

Quais sensações físicas e emocionais está sentido? Observe atentamente as emoções enquanto realiza sua viagem. Agora, se for homem, imagine seu pai, sentado logo atrás de você; ou sua mãe, se for mulher. (Também podem ser os pais adotivos). Pense em como se sente com essa pessoa sentada atrás de você. Agora, imagine-se dando um passo para trás e entrando no corpo dela.

Por alguns instantes, mentalize e sinta as sensações de estar em outro corpo. Que emoções e atitudes você experimenta? Tente reproduzir em seu próprio corpo o que você imagina dessa pessoa.

Agora, mentalize que seu avô está sentado logo atrás de você. Dê outro passo para trás e imagine-se no corpo dele. Continue o exercício, sempre retrocedendo no tempo. Não importa se não tem conhecimento consciente de seus ancestrais; apenas imagine como eles poderiam ter sido. De cada vez, espere algum tempo para se familiarizar com ele ou com ela. Adote fisicamente uma posição para cada indivíduo.

Depois, mova seu corpo para uma posição em que você se "sinta" como essa pessoa. Exagere e dramatize a posição até ativar um "conhecimento" ou uma intuição sobre a vida desse homem ou dessa mulher. Esse é um aspecto importante do exercício. Adormecidas, em seu inconsciente e em suas células, estão escondidas as memórias de seus ancestrais, que podem agora se expressar por meio de seu corpo e de suas emoções. Em cada vez que se identificar com um ancestral, imagine qual seria a resposta dele às seguintes questões: O que é mais importante para você, e por quê? (Carreira? Família? Saúde? Posses? Crescimento espiritual? Filiação religiosa? *Hobbies*?). O que lhe dá maior alegria? O que lhe apresenta maior dificuldade?

Durante o exercício, é melhor suspender o espírito crítico. O importante não é a razão, mas a imaginação. O objetivo do exercício é fazê-lo caminhar até sua "alma ancestral", que é a coroação de todas as experiências e vozes de seus ancestrais que ressoam dentro de você. O objetivo não é que os dados sejam historicamente acurados, e sim que as informações que obtém possam levá-lo a descobrir símbolos poderosos de sua vida e herança interior.

Você pode repetir o exercício quantas vezes quiser, a fim de variar o rastreamento de uma linhagem diferente. Ao fazer isso, verifique se existem aspectos comuns entre uma e outra linhagem. Esteja atento aos maneirismos e às respostas de cada ancestral às perguntas. Coincidem ou divergem?

Ancestrais de pessoas adotadas

Se você foi adotado ou criado por uma família não-biológica, o rastreamento de suas raízes assume um formato levemente diferente. Muitas pessoas desejam pesquisar a linhagem tanto dos pais adotivos *como* a dos biológicos, pois foram influenciadas por ambas. Pode ser que a ligação espiritual com a família adotiva seja mais forte que a biológica e, então, a primeira é sua verdadeira linhagem ancestral.

Pode, no entanto, ser o contrário. E, nesse caso, você terá duas possibilidades. A primeira é empenhar tempo e esforço para localizar seus parentes biológicos e procurar saber o máximo que puder a respeito deles. Como nem sempre isso é possível, pode-se lançar mão de um recurso especial. O exercício a seguir o levará a uma jornada interior, em busca de informações que habitam seu inconsciente. Sua imaginação é o meio para acessá-lo. Várias pessoas que fizeram a experiência relataram depois que as informações recebidas na meditação se revelaram acuradas quando, posteriormente, conheceram fatos a respeito de seus parentes e antepassados.

EXERCÍCIO:
Meditação para filhos adotivos

Para esta meditação, pense que se encontra em um lugar seguro, na natureza, em casa ou em um templo imaginário. Mentalize-se caminhando para esse lugar, acompanhado por um espírito guardião, um anjo ou uma pessoa querida. Enquanto caminha, converse com seu acompanhante, sentindo-se tranqüilo e relaxado. Respire lenta e profundamente.

Quando se sentir preparado, imagine uma porta mágica, pela qual seus familiares poderão entrar no lugar que você escolheu. Eles podem entrar um de cada vez ou todos ao mesmo tempo, conforme você desejar. Não importa se algum deles não viva mais. A alma não se extingue quando o corpo deixa de existir. Seus antigos antepassados biológicos também podem entrar pela porta ancestral. Em qualquer momento, é possível conversar ou consultar seu acompanhante espiritual, para obter apoio ou compreender os acontecimentos. Use a oportunidade para falar de coração com cada indivíduo. Quando se sentir satisfeito, despeça-se e imagine cada um saindo pela porta ancestral.

Encerre a experiência conversando sobre ela com seu acompanhante espiritual. Como se sente? O que aprendeu?

Ancestrais étnicos

Outro ponto importante é explorar sua herança étnica. Há dois modos de abordá-la. O primeiro é considerar a herança étnica dentro da qual você cresceu. Por exemplo: talvez seus avós fossem do México, mas seus pais o afastaram da ligação com a cultura latina porque, quando eram jovens, sentiam vergonha dos pais, imigrantes pobres na América. Então você foi criado em uma vizinhança suburbana de classe média, onde jamais aprendeu a língua espanhola. Até nesse caso ainda há forte necessidade de se religar com sua herança cultural mexicana, porque ela afetou profundamente a visão do mundo de seus pais e até a sua própria, apesar de terem feito o possível para negá-la.

O segundo modo de pensar sua ancestralidade étnica é considerar a cultura dominante em que cresceu. Por exemplo, se você era da Coréia do Sul e uma família de Londres o adotou ainda bebê, isso produziu um profundo efeito sobre o modo como vê a vida, ainda que não possua laços biológicos com a cultura inglesa.

Nos dois casos a cultura étnica com a qual está ligado, por linhagem biológica ou por ambiente cultural, pode exercer forte influência em sua vida. Ainda que seus laços ancestrais remontem a distantes gerações, eles ainda podem influenciá-lo. Muitos rituais, crenças, preconceitos, energias e idiossincrasias, que dão forma à sua vida, podem estar ligados à cultura da qual você descendeu ou que o envolveu durante seus anos de formação.

Pesquisando suas tradições culturais ancestrais

Pode ser agradável e revelador pesquisar as tradições culturais de seus ancestrais. Você pode tomar como certo muitas coisas que sempre fez, talvez pensando que todo mundo as fizesse do mesmo modo. Na verdade, porém, elas estão de fato ligadas à sua herança étnica. Por exemplo: quando criança, eu não sabia de minha herança nativa americana e, no entanto, passava horas na floresta, conversando com as árvores e a terra. Coletava diferentes tipos de plantas e raízes, e as chamava de "meu remédio". Mais tarde, já adulta, pude ver claramente como esses comportamentos estavam ligados à minha ancestralidade nativa, ainda que estivesse inconsciente dela.

Empregue algum tempo para conhecer as tradições de sua herança familiar. Cada grupo étnico possui rituais, crenças, histórias, tradições artísticas, alimentação e música. Encontre-os. Leia livros, converse com idosos de sua cultura, veja a arte, o artesanato, ouça gravações de música local na biblioteca, vá a um restaurante étnico ou procure fazer alguma receita típica em casa.

Peregrinação para descobrir suas raízes étnicas

Um excelente meio de restabelecer sentimentos de ligação com suas origens é visitar sua pátria étnica. Isso é um pouco diferente de pesquisar as próprias raízes biológicas. Por exemplo, sua família pode ter vivido no Canadá por oito gerações, mas suas raízes étnicas estão na Alemanha. Faça uma peregrinação à aldeia ou cidade em que seus ancestrais étnicos viveram, ou, se não souber de onde vieram, visite simplesmente o país ou a região que era seu lugar de origem. Mergulhe na experiência de estar na pátria de seus ancestrais. Fique em pequenas pensões ou hospedarias, passeie com trens locais, faça caminhadas pela região e encontre pessoas com quem possa conversar. Você ficará surpreso ao ver como isso pode mudar sua visão do mundo e de si mesmo.

Ancestrais históricos

Outro modo de considerar seus ancestrais é pensar as figuras históricas que tiveram grande influência em sua vida e no que você se tornou. Podem ser artistas com sua visão do mundo, um filósofo que lhe abriu a interpretação dos eventos essenciais da história, ou um cientista brilhante, que você escolheu para modelar sua vida. Essas pessoas podem ser consideradas seus ancestrais, pois influenciaram suas opções e o modo como você percebe a realidade.

Legados culturais também podem vir por meio de livros ou da música, que lhe falaram em tal profundidade que sua vida mudou. Arte, música, literatura, contos populares, invenções, novos modos de pensar e fazer – tudo isso pode ter moldado o que somos e como vivemos. É parte de nossa ancestralidade cultural e deve ser considerada quando pesquisamos nossas raízes.

Ancestrais míticos

Na Austrália central, quando um menino se aproxima da adolescência, é feita uma cerimônia em sua honra. Seu peito é pintado com desenhos especiais, e lhe dizem que isso está sendo feito com a marca de ancestrais mitológicos, dos quais ele é um sósia. Essa tradição cria um senso de orgulho e de ligação com o todo maior; o rito declara que a vida na Terra é uma projeção do reino espiritual, mítico e poderoso, chamado de Tempo do Sonho. O menino se torna um ser mítico infinito que se encarnou novamente.

Isso não acontece em culturas ocidentais, mas é interessante notar que, em algumas culturas nativas, animais míticos ou totêmicos são considerados antepassados. São vistos como descendentes de seres ancestrais divinos, que tomaram uma forma animal simbólica. Os ancestrais totêmicos são seres coletivos, considerados sagrados. Os membros do clã são divididos por seus ancestrais e se ligam ao passado por meio da forma simbólica de seu animal mítico ou totêmico. Se você descende de uma cultura nativa, esses ancestrais míticos têm parte em sua herança.

Ancestrais espirituais

Outro tipo de ancestral é o espiritual, que pode não pertencer à sua linhagem biológica e, no entanto, ser seu antepassado paterno ou materno. Pode ser alguém que você conheceu e já faleceu, mas cujo impacto em sua vida continua indelével. Antigos professores, membros íntimos da família e amigos que não eram biologicamente relacionados podem ser seus ancestrais, porque lhe deixaram um legado de amor e de orientação. Eles também o ajudaram a se tornar o que é. Se você crê na reencarnação, esses ancestrais espirituais podem ser pessoas que conheceu em vidas passadas e que continuam a influenciá-lo.

Além disso, algumas pessoas sentem profunda ligação com tradições ou líderes espirituais. Ou talvez você se sinta profundamente afetado por sentimentos de unidade com a natureza e com o Universo. Essas conexões espirituais podem dar um senso de filiação a coisas maiores do que nós, tornando-se parte de nossa ancestralidade espiritual. Esse senso pode ir além de noções como família, clã, classe ou nação. Sentirmo-nos ligados à fonte de toda a criação, que alguns definem como Deus, nos faz realmente reconhecer que todos nós somos uma família... e que cada um que já viveu é nosso ancestral.

Escolha como definir seus ancestrais

Como escolher quem são seus ancestrais e o contexto em que decide explorar suas relações pode ser algo arbitrário e mudar conforme o tempo. Você pode pesquisar ora seus antepassados biológicos, ora as forças intelectuais que influenciaram sua vida. Os dois contextos são válidos e importantes para ajudá-lo a descobrir quem você é.

De modo geral, seus ancestrais são aqueles com os quais você escolhe se identificar. Descobrir o contexto de como quer definir o termo *ancestral* envolve uma viagem de autodescoberta, que primeiro segue um caminho e depois vai para uma direção totalmente nova; no entanto, pode ser profundamente realizadora e continuar a vida inteira. As escolhas nesse processo ajudam-no a descobrir sua identidade e, ao mesmo tempo, a se definir.

EXERCÍCIO:
Meditação no círculo dos ancestrais

Esta meditação o ajudará a se ligar com seus ancestrais, sejam eles biológicos, adotivos, culturais, históricos, míticos ou espirituais, e servirá para convidá-los a participar de sua vida. Alguém pode auxiliá-lo, lendo o roteiro da meditação, ou você poderá gravá-lo, escalonando os passos para sua realização. Deite-se ou sente-se confortavelmente, em lugar tranqüilo, onde não seja perturbado e possa se sentir à vontade.

Reserve alguns momentos para relaxar e acomodar seu corpo. Imagine então que você está andando por uma antiga trilha através de um campo. É dia agradável de verão e, ao andar, sente o perfume da vegetação. Os pássaros cantam e ouve-se o leve zumbido dos insetos. Aos poucos, você chega a um bosque formado por um círculo de árvores frondosas, envolvidas por uma aura de luz. A trilha o leva até o meio desse círculo e a brisa agita as folhas suavemente. No centro, há um outro círculo formado por grandes pedras. São pedras antigas, desgastadas pelo tempo e profundamente mergulhadas na terra. Esse é o círculo sagrado dos ancestrais, um lugar antigo, cheio de energia e de sabedoria.

Sente-se no meio do círculo. Aos poucos você começará a ouvir um leve rumor que parece emanar da terra. Uma névoa vai se formando, primeiro levemente e depois se tornando cada vez mais densa. Ela o cerca e o envolve com ternura. Embora não veja nada, você ouve a chegada de seus ancestrais, vindos do tempo e do espaço.

Seus ancestrais se apresentam um por um diante de você. Alguns os "vêem", outros os "sentem" ou "ouvem", ou simplesmente percebem a presença deles. Usando sua imaginação, você pode até se aproximar e tocar seus ancestrais. O importante é desejar profundamente se ligar com seus antepassados. Entre em contato. Converse com eles. Você pode se dirigir a cada um e fazer perguntas importantes, como as seguintes: como é sua vida? Qual é sua ocupação? Quais valores você cultiva? Em que acredita? Quais são suas habilidades e talentos? – e outras. As respostas podem vir por sua intuição ou por imagens e metáforas, que o levarão a compreender sua herança. É importante perguntar: "Sou seu descendente; que informação ou conselho você acha importante para mim?"

Ao terminar, despeça-se de cada um, sempre pedindo e recebendo sua bênção. Eles poderão fazer isso com palavras ou presentes. Aceite de qualquer modo. Depois de terminar as despedidas, respire profundamente e volte à consciência desperta.

Honre seus ancestrais

Nem sempre nossos ancestrais nos parecem figuras positivas. Podemos nos lembrar de antepassados que foram ou tiveram atos negativos enquanto vivíamos com eles. O importante, conforme dissemos, é selecionar conscientemente as qualidades que desejamos cultivar e os defeitos ou erros que queremos eliminar de nossa trajetória.

Para honrar os ancestrais, precisamos primeiro desculpá-los. O perdão nos ajuda a curar as energias negativas que podem nos influenciar, como vergonha, culpa, raiva, medo, ódio e até rejeição. Essas poderosas energias podem passar de geração a geração. O perdão, porém, pode neutralizá-las e nos libertar delas (cf. capítulo 3). Você não precisa perdoar os atos negativos, mas pode compreender que as pessoas os cometeram até por influência de sua herança. Perdoe e compreenda o erro alheio. Isso o ajudará a honrar seus antepassados.

Nossos ancestrais não moram apenas no passado. Eles vivem também em nós, em nossos cérebros, células e psiquismo. Se você der a seus antepassados um lugar de honra em seu coração, estará reconhecendo os dons positivos que eles lhes transmitiram. Isso enriquecerá a compreensão de sua própria vida e daquela que eles viveram ou desejariam ter vivido.

Escreva uma carta para um ancestral

Escolha um ancestral com quem você se sinta intimamente ligado e escreva-lhe uma carta. Pode ser um antepassado conhecido – sua mãe – ou alguém com quem nunca se encontrou – Gandhi, por exemplo – e até um ancestral que apenas imaginou. O essencial é lhe dizer quanto ele influenciou sua vida e que você lhe agradece pelos dons concedidos.

Não é preciso elogiar falsamente para honrar os ancestrais. O antepassado pode tê-lo ajudado muito e, ao mesmo tempo, ter sido bastante severo com você. Não ignore. Ao escrever, expresse isso. Reconhecer a verdade sempre liberta, tanto a você como a ele, e isso é, de fato, honrar. Seus ancestrais enfrentaram os problemas da vida do melhor modo que conheciam, e lhe passaram dons e qualidades essenciais.

Terminando a carta, realize uma pequena cerimônia: queime-a e faça uma prece ou um pensamento de gratidão, imaginando que a fumaça vá elevar sua mensagem até o ancestral, no plano espiritual. Ou conserve a carta, para relê-la de vez em quando, sempre reescrevendo esta ou aquela parte, até sentir que ela expressa sinceramente a verdade.

Faça um altar para os ancestrais

Escolha um espaço em sua casa para fazer um altar em honra dos seus ancestrais. Ele servirá de lembrança de que somos mantenedores de uma fé sagrada, herdada dos antepassados, e que será deixada para nossos descendentes. Isso ajudará a viver de modo mais responsável e consciente.

Em certos povos, existe o costume de reservar um aposento especial – como um santuário – onde se concentram as lembranças e os objetos mais importantes da família, e onde as pessoas se retiram para orar, meditar, ou simplesmente se refazer, sem serem perturbadas. Isso nem sempre é possível. Mas você pode fazer um simples altar, no qual ou ao redor do qual se agrupam as lembranças ou coisas mais importantes: fotos de família, de antepassados, objetos simbólicos ou significativos etc. Invente e faça seu altar. Sinta-o como o centro do lar, como lembrança de que a vida é sagrada, como foco que irradia saúde, amor, paz e felicidade.

Esse altar representa a presença dos antepassados, é o centro dos que atualmente vivem e contém as energias que serão herdadas pelos que virão. Você pode lhe dar vida de vários modos: queimando incenso, diariamente ou em dias fixos; enfeitando-o com flores em datas especiais: aniversários, momentos de conquista, de celebração, encontros marcantes de toda a família etc. Esse altar, na verdade, pode se tornar o centro de orientação da vida, tanto no tempo como no espaço. Também poderá significar o centro da unidade, não só da família, mas da história da grande família que, por sua vez, é parte da história da humanidade.

Peça auxílio e orientação a seus ancestrais

Se nos mantivermos conscientemente ligados aos ancestrais, jamais nos sentiremos sozinhos. Nossos antepassados continuam em nós, ao mesmo tempo junto de nós e no modo como vivemos. Por isso, é importante confiar neles e contar com seu auxílio e orientação. Ao enfrentar problemas ou situações desconhecidas, é interessante pedir mentalmente, ou concretamente, junto do altar, a eles que nos ajudem e orientem.

A consciência da presença dos antepassados pode mudar a imagem que tínhamos deles. Víamos, por exemplo, nosso pai ou mãe como pessoas distantes, severas ou tristes. Depois que passaram para o outro lado, porém, nós agora os sentimos próximos, benévolos, alegres e sempre estimulantes, encorajadores. Quando atingem a sua meta, os ancestrais realizam seu verdadeiro ser.

Quando se dirigir aos ancestrais, conte-lhes claramente o que sente, quais problemas enfrenta e o que pretende fazer. Você pode lembrar as qualidades que tinham e pedir que lhe dêem coragem e confiança. Os ancestrais são fontes de energia, de bênção e de apoio. Comece a experimentar isso e verifique depois o resultado.

Honre os ancestrais arquetípicos

Outro meio de honrar os ancestrais e convidá-los a estar presentes em sua vida é ligar-se com os antepassados arquetípicos. Em muitas culturas nativas e nas antigas tradições, há rituais para invocar os ancestrais coletivos, não este ou aquele indivíduo, mas os da tribo ou do povo inteiro. Trata-se, na verdade, de convocar a alma ancestral. Essa alma coletiva é a reunião da sabedoria e da energia de todos os que nos precederam.

Os ancestrais arquetípicos podem se manifestar pela imagem do Velho Sábio, no caso dos homens, ou da Velha Sábia, no caso das mulheres. Essas imagens aparecem nos contos populares de muitas culturas. Também podem aparecer em nossos sonhos. Existem, porém, técnicas imaginativas que podem levar ao encontro dessas figuras. A seguinte é uma delas.

Imagine que está ao pé de uma montanha e que no topo dela vive um sábio ou uma sábia. Uma trilha pode levá-lo até lá. Suba-a e encontre-se com essa pessoa. Converse com ela e exponha suas preocupações ou seus problemas. Procure interagir com essa figura e ouça (ou sinta) o que ela responde. Ao se despedir, essa pessoa sábia lhe dará um presente, que você trará consigo. O presente é simbólico e, ao observá-lo e intuitivamente se identificar com ele, descobrirá o que a pessoa sábia lhe disse. Você pode repetir a experiência quantas vezes quiser.

Seus ancestrais habitam dentro de você. Ao honrá-los, estará tratando com devoção a santidade e a sacralidade que habitam em seu interior.

3

Liberte-se dos padrões negativos

Seu passado não terminou. Ele está aqui e continua acontecendo. Estar vivo é ter um passado. Sua psique não surgiu do presente; a sua fonte remonta a milhares de anos. É apenas um novo broto de uma antiga raiz. Embora seja comum pensar que as atitudes e crenças são autogeradas, muito de sua personalidade e consciência vem do seu legado ancestral, que habita em você, como você viu no capítulo anterior.

A formação de sua identidade é, em parte, o resultado da sucessiva linhagem de seus antecedentes. O modo segundo o qual você enxerga a vida é filtrado pelas experiências de todas as suas gerações. Seu senso de identidade está fortemente ligado às experiências que teve quando criança e, em grande parte, foram proporcionadas por sua família. Esta, por sua vez, foi influenciada na infância pela família dela, e assim por diante. Dessa herança, você recebeu tanto qualidades que o fortaleceram, quanto aspectos negativos, como desconfiança, medo e solidão.

A vasta gama de emoções negativas pode ser reconhecida como nossa "natureza humana". Isso não mudou muito com o passar dos séculos. Seus ancestrais, sem dúvida, experimentaram sentimentos negativos, como ciúme, ressentimento, ódio e tristeza. Eles também repetiam influências positivas e negativas herdadas, como traços físicos e psíquicos, tendências para a esquizofrenia e a paranóia, inclinações para abuso sexual, incesto, entre outras. É como se um profundo lençol freático corresse sob as gerações e, às vezes, viesse à tona.

A alma ancestral é capaz de novamente brotar na vida de um indivíduo e influenciá-lo. Essa tendência pode ser observada em pessoas adotadas, que estão aptas a reproduzir as atitudes de seus antepassados em vez da educação recebida na família que as criou. Adotadas ao nascer, elas nem sequer conheciam seus verdadeiros ancestrais, mas estes as influenciavam, mais que os comportamentos conscientemente formados pelos pais de criação.

Nossos genes são codificados com as marcas dos antepassados, e as memórias ancestrais da alma também os habitam. Esse fenômeno pode tornar-se evidente no caso de gêmeos ou de irmãos que, embora separados ao nascer, de algum modo ainda assim cultivam os mesmos interesses e maneirismos. Essas semelhanças mostram a influência da herança ancestral, uma vez que não podem ser explicadas pela educação recebida em famílias diferentes.

Sua ancestralidade genética ou psicogenética pode exercer influências, tanto positivas como negativas, em sua vida. Se você negar ou recusar suas raízes, ignorando suas influências, elas poderão se tornar ainda mais fortes, determinando suas atitudes e opções de modo inconsciente. O passado é o que torna o presente coerente, e sempre será prejudicial para nós se nos negarmos a examiná-lo honestamente.

Você não escolhe seu passado; ele é um dado. No entanto, pode optar entre reprimi-lo, explorá-lo e recriá-lo. É possível lutar contra um passado não resolvido, ou examinar as forças que o modelaram e até *remodelá-lo*. A psicoterapia pode trabalhar memórias de infância e de família. Contudo, se as influências se encontrarem na ancestralidade da pessoa, é preciso buscá-las em um passado distante. Libertar-se de padrões ancestrais negativos ou de tarefas ancestrais inacabadas pode curar a árvore familiar.

Cure a árvore familiar

Criei um programa para ser feito em quatro etapas, chamado "Cura da árvore familiar". A primeira delas é lembrar e descobrir memórias do passado, tanto pessoais como ancestrais. A segunda envolve a descoberta e a identificação de tendências familiares negativas ou disfuncionais. A terceira é libertar-se dessas influências, de modo que não continuem nas gerações seguintes. A quarta é criar novos padrões, que se tornem seu legado para o futuro.

Lembrar e descobrir

É comum repetirmos as experiências que esquecemos. Isso porque as influências do passado se entrelaçam, tornando-se compulsivas e repetitivas. É o que chamamos de *carma*, ou seja, a tendência a reproduzir padrões ancestrais inconscientes. Nossas vidas são determinadas pelo passado, principalmente quando ele é esquecido e continua lançando questões mal resolvidas e sombrias, que podem "escurecer" o futuro.

Uma dessas maiores questões é criada por segredos e mentiras familiares, que quase sempre repousam sobre a vergonha e a culpa. Uma mentira se constrói sobre outra, e a pressão para mantê-las em segredo implica um enorme fardo psicológico. As mentiras que mantêm segredos familiares são transmitidas pelas gerações, e a energia psíquica para escondê-las pesa fortemente sobre uma linhagem inteira.

Os segredos podem assumir vida própria, criando "territórios do não falado", nos quais a regra tácita é "disso não se fala". Algumas pessoas da família podem sabê-los, outras não. Isso cria alianças para mantê-los em sigilo. Aqueles que não os conhecem ainda assim são influenciados profundamente por seus efeitos negativos. Uma criança pode não saber do que se trata, mas com freqüência demonstra um comportamento que salienta tais questões. As crianças conhecem e sentem o que não é falado, e têm sensibilidade para os segredos sombrios e proibidos da família. Elas podem "inventar" histórias e contar mentiras; por trás desse comportamento, porém, freqüentemente há sérias questões familiares que não estão sendo expressas.[1]

Uma criança que cresce com mentiras também pode ser influenciada por elas. Certa mãe levou seu filho de 15 anos a um terapeuta. O garoto havia sido pego roubando dinheiro de parentes e também vivia faltando à escola. A terapeuta desconfiou de uma mentira familiar. E, de fato, descobriu-se que a avó do garoto (que ele não conhecera) era ladra e tinha fama de mentirosa, mas isso jamais havia sido discutido na frente dele. Freqüentemente, o que não é falado nem visto governa mais a nossa vida do que aquilo que é sabido e esclarecido. A mãe desse menino perpetuava na família o ciclo da mentira, escondendo que seu pai era alcoólatra e dependente químico. Com um diálogo profundo e simples a respeito de questões familiares, o comportamento do garoto melhorou significativamente em um ano.[2]

Muitas famílias mantêm segredo sobre adoção e parentesco, alegando proteção aos filhos. As pesquisas, no entanto, mostram que isso pode ter efeito contrário: as crianças se sentem devastadoramente traídas quando descobrem a verdade (o que, em geral, acontece). E, ainda que não descubram, os segredos da família e as centenas de mentiras para esconder a verdade demonstram efeitos negativos duradouros sobre as pessoas.[3]

---

1 GELMAN, David e ROSENBERG, Debra. "Family Secrets", *Newsweek* 129, nº 8 (fevereiro 24, 1977): pp. 26-30.

2 Ibid.

3 Ibid.

Os segredos podem saltar uma geração ou mais, antes de atingir descendentes. Por isso, você deve considerar seriamente qualquer questão familiar que possa estar escondendo. Para curar a árvore familiar, é importante lembrar e descobrir tudo o que puder. Para isso, há diversas atitudes a serem adotadas.

Memórias pessoais

Voltar às memórias da infância o ajuda a compreender as forças que o formaram. As experiências passadas que ainda o motivam não são aquelas das quais se lembra perfeitamente, e sim as que se tornaram inconscientes. O seguinte exercício o ajudará a lembrá-las:

- Volte no tempo. Em um diário, reserve uma página para cada ano de sua vida. Escreva o máximo que puder sobre as experiências que teve. De muitos fatos você poderá não se lembrar. Às vezes, porém, uma lembrança ou um detalhe trarão outros. Anote o que conseguir.
- Faça uma planta baixa da casa ou das casas de sua infância. As lembranças podem estar ligadas aos aposentos. Feche os olhos e visite-os, canto por canto. Observe bem suas sensações e seus sentimentos enquanto faz isso. Talvez você não se lembre dos episódios, mas irá sentir as emoções do passado. Atenção para os aposentos que reluta em entrar.

Repita o exercício, agora visitando a vizinhança, casas de amigos e parentes; vá a sua cidade natal; relembre viagens, compras, férias etc. Esteja atento às emoções e aos sentimentos ligados a cada lugar. Nossas memórias freqüentemente se associam aos locais em que ocorreram.

Seu senso de identidade também foi formado por organizações e corporações das quais participou (igrejas, escolas, lugares de trabalho, agremiações esportivas etc.). Elas contribuíram para suas crenças e atitudes.

Memórias ancestrais

É importante lembrar-se das memórias ancestrais. Como fazer isso? Elas estão dentro de você. Logo ao sair da casca, o pintainho se esconderá se vir a sombra de um gavião voando por perto. Isso acontece porque ele tem uma memória ancestral a respeito desse perigo. Você também tem essa memória em seu inconsciente. O seguinte exercício o ajudará a tomar consciência dela.

- Feche os olhos e imagine uma grande mesa com máscaras em cima. Cada máscara representa um ancestral seu (pais, tios e tias, avós, bisavós – e outros, mais distantes) e tem poder mágico: quando a coloca, você experimenta os sentimentos, pensamentos e as experiências dessa pessoa. Esteja atento àquelas com as quais sente desconforto. Não se importe se a experiência não for muito acurada ou se os sentimentos não forem claros. São mensagens do seu inconsciente e merecem atenção.
- Se tiver alguns objetos que pertenceram a seus antepassados, segure um de cada vez, feche os olhos e imagine que seu corpo se transforma no da pessoa que o possuía (jóia, antiguidade, objeto cerimonial, lembrança, instrumento etc.). Esteja atento às sensações físicas que experimenta. Se não sentir nada, diga: “Não sinto, mas, se pudesse sentir, o que seria?” Essa frase pode levá-lo para dentro de si mesmo, até o inconsciente.
- O importante é soltar a imaginação e, por meio dela, entrar na experiência da pessoa que a máscara representa. O que você sente nem sempre é preciso, mas pode ser o início da caminhada rumo a compreender aquele ancestral. Isso o

levará a compreender melhor também a influência que ele teve na sua vida, em suas crenças e atitudes.

Identifique antigos padrões negativos

O segundo passo para a cura da árvore familiar supõe fazer uma honesta e radical auto-avaliação. Ela envolve a identificação de quais crenças se referem a você e sua vida, principalmente as que lhe foram transmitidas. Uma crença é um pensamento ou uma percepção que você considera um fato ou uma realidade, e talvez resulte do legado emocional e psíquico da família e dos ancestrais. Pode determinar o modo como pensa e se comporta, dirigindo o curso de sua vida. Descobrindo suas crenças, é possível desvendar as que lhe foram passadas e evitar transmitir as negativas para seus descendentes.

Qual é a dinâmica de uma crença? Ela determina a qualidade de sua vida. A mais poderosa é inconsciente, e sua ação é tão enraizada e profunda que não é perceptível. Ainda que jamais lhe tenham dito quais eram as crenças de sua família, elas lhe foram transmitidas. Quando criança, você observava seus pais, a expressão dos rostos e do corpo, e via como eles respondiam às situações. Isso lhe foi passado, junto com a crença que estava por trás daquilo que via.

As crenças são como óculos escuros, através dos quais você vê a realidade. Elas podem se tornar tão profundamente enraizadas que constituem parte importante de seu alicerce como pessoa. Não são vistas diretamente, mas se manifestam pelas percepções e decisões pessoais, pelas afirmações consideradas verdades. São como o ar que respiramos. Temos tanta certeza desse ar que o tomamos como uma "realidade" garantida, e nunca pensamos nele.

Crenças arraigadas agem como ímã, atraindo situações e pessoas que são afinadas com essas tendências inconscientes. Na verdade, seu mundo é constantemente criado pelas crenças que existem em seu inconsciente. Se você não sabe quais são, basta olhar para sua vida: ela é uma projeção do que secretamente pensa sobre si mesmo e sobre seu mundo. É importante conhecê-las, a fim de separar as positivas das negativas, e não passar as últimas para seus descendentes.

Seus antepassados embutiram muitos sentimentos negativos em você (espírito de vingança, medo, raiva, culpa, vergonha). E não é fácil se livrar deles. Ao identificar as crenças que os geram, é possível sanar as limitações ancestrais que dificultam sua vida.

Comece fazendo uma lista de suas crenças. Elas podem vir de suas experiências pessoais, da educação familiar, do meio em que vive, dos ancestrais e até de pontos muito remotos, como o inconsciente coletivo. Ao anotá-las, registre também suas origens.

EXERCÍCIO:
Examinando as origens de suas crenças

Crença: Apenas as pessoas que não têm autocontrole demonstram seus sentimentos.

Origem: Familiar e ancestral. Quando Dan era criança, era castigado por demonstrar seus sentimentos. Diziam-lhe que um homem deve ser forte e não pode chorar. Seu pai não expressava suas emoções, nem seu avô e bisavô.

Durante o período de descoberta, pesquise suas raízes e genealogia para rastrear traços e atitudes familiares. Fale com parentes para recuperar a história de seus antepassados. Seja paciente e perseverante. Encontre o que puder sobre a constituição psicológica e mental de seus ancestrais. Às vezes, você poderá se sentir desconfortável, porque talvez encontre traços negativos e acabará por tirar alguns "esqueletos familiares" do armário. No entanto, é essencial ter coragem e ir até o cerne da questão.

Esteja consciente de que não está pesquisando as raízes para você, mas para curar a árvore familiar que resultará nas gerações futuras. Para se livrar do fardo das questões ancestrais mal resolvidas, é preciso, em primeiro lugar, reconhecer que ele existe; em segundo lugar, reconhecer (não acusar) falhas ancestrais; por fim, estar disposto a enfrentar o problema e se engajar no processo de cura.

Interrompa o antigo ciclo negativo

Quando você encontrar uma crença ancestral negativa, é vital dizer com palavras e ações: "A questão acaba aqui!" Declare: "Esta é a última geração que esse padrão negativo afetará. Estou criando uma barreira para mim e para os que virão. Estou rompendo esse ciclo e substituindo-o por um novo". Isso é importante porque, se deixar o antigo ciclo continuar, ele irá se fortalecer cada vez mais.

Há um traço particular em nós que torna difícil romper o ciclo ancestral. Somos as únicas criaturas deste planeta que declaram: "Eu estou certo, e você está errado!" Somos os únicos a manter crenças e atitudes depois que perderam sua utilidade. Na natureza, o que não deu certo é abandonado. Nós, porém, mantemos uma crença ou atitude, ainda que destrutiva, ainda que não funcione mais. Isso acontece, sem dúvida, porque precisamos desesperadamente estar "certos". O homem pode matar a si mesmo, ou até outras pessoas, apenas para provar que seu ponto de vista é o correto. Pode ir contra todas as evidências, a fim de se sentir "certo" em relação a suas crenças.

Rompa com um padrão negativo por meio de um ato de vontade

Para começar a romper o ciclo de atitudes negativas, você terá de abandonar a necessidade de sempre estar "certo". Isso pode ser difícil, pois implica bastante esforço e vontade para tomar a decisão consciente de se livrar de uma crença profundamente enraizada. Por exemplo: Jim veio de uma família que se sentia muito vítima das pessoas e circunstâncias. Olhando bem, ele próprio havia aceitado essa característica e, freqüentemente, reagia da mesma forma. Certo dia, Jim reuniu sua força interior e declarou a si mesmo: "Não sou mais uma vítima da vida. Aceito a responsabilidade por mim mesmo. Sempre tenho opções. Embora não consiga escolher as circunstâncias, posso optar pelo modo como responderei às situações da vida. Declaro isso de uma vez por todas!" Essa atitude o fez descobrir sua energia interior, que lhe permitiu começar a se libertar do antigo padrão familiar.

Há energia em sua intenção e em suas palavras. Ao descobrir quanto uma influência ancestral negativa limita sua vida, você pode declarar: "Isso acaba aqui!" Assim, ela deixará de dominá-lo. Pare de acusar o passado pela vida que tem hoje! Seus pais fizeram o melhor e deram sua contribuição. Os pais deles também. Reconheça os padrões e eventos de seu passado, liberte-se do que é negativo, e siga em frente com sua vida.

Liberte-se de padrões familiares *profundamente enraizados*

Um "ato de vontade" o ajudará a libertá-lo de padrões negativos. Talvez seja um marco poderoso que irá alterar sua história para sempre. Todavia, às vezes as influências familiares são tão destrutivas e profundamente enraizadas na psique, que será preciso mais que uma iniciativa. Nesses casos, um psicoterapeuta poderá orientá-lo na procura pelas origens de crenças limitadoras que vêm da infância e da alma ancestral que habita em você. A terapia é um processo individual, com vários estágios, que podem não proceder em ordem. Você poderá repeti-los uma ou mais vezes, mas sempre a partir de uma perspectiva diferente.

Estágios do processo de libertação

Desejo de cura

O primeiro estágio é optar pela cura e desejá-la. Trata-se de um ato de vontade. Declare a si mesmo: "Estou pronto e aberto para a cura!" Essa decisão já é o início do processo.

Em meio ao tumulto

Depois da decisão, em geral há um período confuso. Esse estágio pode ser desconfortável, mas é verdadeiramente muito bom. As memórias, tanto da infância como de ancestrais e de vida remota, vêm à tona. É comum aparecerem em sonhos. Também podem vir em lampejos espontâneos, durante atividades comuns.

Durante esse período, talvez você sinta raiva ou tristeza pelos aspectos de sua vida feridos por padrões familiares negativos. Pode até sentir-se justo e não ter compaixão pelos que lhes transmitiram. Essas emoções são valiosas, pois honram seu sofrimento. Por vezes, o impacto de uma influência ancestral é tão intenso e doloroso que você precisará enterrar essas experiências profundamente dentro de si mesmo, até que sejam desmentidas e esquecidas. Para isso, é importante sentir e expressar essas emoções.

Nesse estágio, o padrão do qual você quer se libertar também pode parecer se tornar mais forte. É como se essa influência se sentisse ameaçada e lutasse para sobreviver. É como a punção de uma ferida. É dolorosa, mas traz à tona as impurezas que precisam ser descartadas. Quando você está consciente de que o processo de cura traz sofrimento, mas liberta, então compreenderá, aceitará e começará a experimentar o seu próximo estágio.

Compreendendo o passado

O próximo passo é caminhar para a compreensão. Entender as motivações subliminares dos outros e de você mesmo ajuda no processo de cura. O importante é perceber que os padrões familiares negativos não são *sua culpa*. A criança costuma pensar que as circunstâncias negativas são *culpa dela* e, quando sofre, por exemplo, um abuso, imagina que mereceu isso. De nada adianta, porém, sentir *vergonha* ou *culpa*.

A cura pode acontecer a partir da compreensão de que todos os acontecimentos em sua vida lhe permitiram aprender e crescer, *mas não foram culpa sua*. Assim como você age influenciado por seu passado, as pessoas que o feriram também agiram influenciadas pelo passado delas, e assim por diante. Quando começar a compreender a dinâmica que o influencia a ser o que é e determina o modo como os outros eram e lhe trataram, abrirá o caminho para a cura.

Momento de decisão

Esta é a etapa em que você chega a uma decisão sobre quem é. Não é possível apagar sua história familiar, mas sim fazer mudanças em sua vida, para que as influências negativas não sejam repassadas adiante. Desenvolvendo compaixão pelos seus antepassados, você chegará a uma integração em si mesmo, que o ajudará a contribuir para um mundo melhor.

Encontre um meio de se reconciliar com o que provocou impacto negativo em sua vida. É justo considerar as pessoas como responsáveis por seus atos e sentir-se zangado. Não é preciso perdoá-las para chegar a uma decisão. Ao contrário, a decisão consiste em reconhecer que você foi afetado negativamente por um padrão familiar, mas o compreendeu e sobreviveu. Com humor e compaixão, você aceita quem é e onde se encontra em sua jornada interior para a cura.

Durante o período de decisão, você pode reestruturar a história de seu passado (cf. capítulo 5). Reveja-a e note: você ganhou alguma coisa sendo mártir? Recebeu atenção por estar doente? Ganhou nobreza por lutar e perder? Foi premiado por ser vítima? Refaça sua história. Ainda que fôssemos vítimas da vida e não tivéssemos nenhuma obrigação em relação às nossas experiências, se adotarmos o ponto de vista de que cada um tem alguma responsabilidade por suas ações, ficaremos notavelmente fortalecidos. Faça o seguinte exercício: reescreva sua vida de modo que um possível leitor desse risada de seu lado fraco, em vez de sentir pena de você.

Hora de perdoar

Depois da decisão, o último passo, e mais importante, é perdoar. Isso ajuda a liberar a energia que alimentava a raiva, o rancor e o ressentimento. O perdão permite seguir em frente, em vez de acalentar velhas feridas. É humano querer punir os outros, mas isso de modo algum lhe fará bem. Ao contrário, a raiva pode prejudicá-lo, e não aos outros. O perdão é algo que se faz para si mesmo; perdoar o liberta para a *sua* cura. Ao perdoar, você ganha paz interior, alegria e serenidade para si, e não necessariamente para os que o feriram.

Algumas pessoas se apegam ao ressentimento, acreditando inconscientemente que, cedo ou tarde, o destino as desculpará e mostrará "quem é quem". Mas isso talvez nunca aconteça. Quem o feriu pode não mudar nunca e, caso agisse de outra forma, isso aliviaria a injustiça que você sofreu? Outros mantêm o ressentimento e o ódio para continuar agindo como vítimas. Sua ferida é transformada em desculpa para não viver como queriam e para tudo o que acontece de errado em sua vida.

Para perdoar, o primeiro passo é compreender as motivações internas dos atos, tanto dos outros como dos seus. Não significa, porém, esquecer, absolver ou condenar as *ações* do outro; mas é tremendamente importante *perdoar* quem cometeu aquelas atitudes. O mesmo se aplica a você. Compreender que as ações de cada um são ditadas por herança ancestral torna mais fácil perdoar.

Em cada momento de sua vida, toda pessoa fez o melhor que estava a seu alcance. Mesmo que depois possa ver outras possibilidades, naquele exato instante respondeu como podia, influenciada por suas heranças. É importante compreender por que as pessoas agem de tal maneira, e também é útil reconhecer como elas são agora. Um indivíduo pode continuar a agir prejudicialmente. Perdoar não significa transformar alguém que o prejudicou em seu melhor amigo. Compreender o motivo pelo qual essa pessoa age pode ser o bastante para iniciar um processo de cura.

O perdão pode ser extremamente difícil; em geral, trata-se de um processo, e não de um ato realizado de uma única vez. Não pode ser forçado, e uma declaração de desculpas nem sempre funciona. O perdão, em geral, é resultado de uma honesta exploração do passado e de suas raízes, e de quando se chega a uma compreensão das forças em jogo na situação.

Perdoar pode requerer tempo e paciência com você mesmo e com seu processo interior. Um dia pode sentir-se livre de ressentimentos passados; na manhã seguinte, eles podem estar de volta. Às vezes, o perdão é um meio de negar sua raiva, antes de estar realmente pronto para se libertar dela. É importante levar em conta o processo e manter sempre a intenção de que a cura se realize.

Por vezes, o perdão pode ser interativo. Falar com familiares que o magoaram é útil. Nem sempre, porém, as pessoas são receptivas, e as tentativas iniciais podem ser difíceis e frustrantes. Se você for sincero e cordial, talvez suas palavras dêem frutos depois, ou até em gerações futuras.

Se não for possível resolver a questão por meio de uma conversa, ou se a pessoa que provocou sua raiva tiver falecido, é valioso procurar interiormente a solução e a paz. Quando você realmente cruzar o limiar para o perdão, então estará rompendo com o ciclo de padrões negativos, começando uma nova fase de amor, de apoio e de bondade que se prolongará pelas gerações futuras.

EXERCÍCIOS DE AVALIAÇÃO PARA ROMPER COM PADRÕES NEGATIVOS

Para romper com padrões ancestrais negativos, primeiro é importante estabelecer quais são eles. Um modo de fazer isso é examinar as atitudes de seus antepassados diante de diferentes aspectos da vida e, depois, compará-las com as *suas*. Por exemplo, Sue descobriu que sua relutância em expressar as próprias opiniões estava ligada a um padrão familiar pelo qual as mulheres tinham muito medo de dizer o que pensavam.

Para ajudá-lo a descobrir e comparar atributos, elabore um mapa com uma lista de seus familiares e ancestrais. Depois, faça os exercícios de avaliação de cada um deles e preencha o mapa com suas características. Assim, é possível checar se há semelhanças que foram passadas para você, por meio das gerações. Registre aqueles dos quais se lembra conscientemente e anote ainda os que você entrou em contato por meio da visualização e dos exercícios de imaginação (cf. capítulo 2).

EXERCÍCIO:
Compare *seu* comportamento com o de seus ancestrais

Observe o modelo e copie-o numa folha avulsa, deixando em branco os campos em que você anotará suas características. Se quiser, inclua mais parentes na lista.

	Trabalho	Relações	Sexo	Dinheiro	Saúde	Religião	Criatividade	Alimentação
Comportamento de Sue	compulsivo	tímido	cauteloso	necessitado	problemas de visão	não tinha	gosto pela costura	despreocupado
Mãe	compulsivo	retraído	inseguro	econômico	problemas de coração	não tinha	medo de tentar	despreocupado
Pai	pragmático	extrovertido	descontraído	generoso	nenhum problema	não tinha	carpintaria	saudável
Tio	equilibrado	extrovertido	conquistador	tranqüilo	gota	não tinha	desenho	saudável
Tia	compulsivo	sistemático	inseguro	ansioso	artrite	não tinha	pintura	despreocupado
Avô	negligente	sistemático	entediado	desinteressado	artrite	batista	exímio colecionador	exigente

EXERCÍCIO DE AVALIAÇÃO 1:
Avalie sua atitude familiar e ancestral em relação à carreira

Nosso comportamento em relação à carreira e ao trabalho, em geral, reflete a ética de nossa família e de nossos ancestrais. A seguir, apresentamos alguns termos que descrevem tais comportamentos:

> *aventuroso, insensível, motivado, tímido, indolente, obstinado, diligente, passivo, obediente, ambicioso, honesto, zeloso, produtivo, inconsistente, leal, bom no início, mas não no fim, ruim no início ou no fim, mas bom na continuidade, bom no fim, mas não no início, desonesto, compulsivo, dinâmico, deixa tudo para a última hora, organizado, apático, desorganizado, sectário, líder, medroso, enfadado, determinado, negligente, empenhado, preguiçoso*

1. Encontre na lista citada os termos que melhor descrevem o que *você percebe* no comportamento de seus ancestrais quanto ao trabalho e à carreira deles. Anote no quadro que você copiou, conforme modelo.
2. Quais termos descrevem melhor o seu comportamento em relação ao trabalho? Escreva no quadro. Veja se há semelhança entre as qualidades de sua lista e as da lista de seus ancestrais.
3. Se houver qualidades positivas que você partilha com seus ancestrais, será valioso reconhecer e honrar aqueles (cf. capítulo 2) que contribuíram para isso.
4. Se houver atributos negativos, veja o que pode fazer para começar a despotencializar esses traços em sua vida.

Uma ação positiva para mudar um padrão ancestral negativo não precisa ser algo imenso ou estrondoso. Basta um pequeno ato na direção correta. Por exemplo, se você tem um comportamento *compulsivo* no trabalho e isso acontece em ambos os lados de sua família, experimente ficar uma hora sem fazer nada aos domingos. Ou então reserve meia hora todos os dias para ler algo leve. Apenas se comprometa a fazer o que poderá manter. É melhor reservar um minuto por dia para relaxar e preservar esse hábito do que reservar uma hora inteira num único dia e depois desistir do seu propósito. Se você der sua palavra, seja fiel a ela – tanto em relação a uma outra pessoa como a si mesmo.

O seu maior compromisso é você mesmo. Há épocas em que é difícil manter a palavra. Se falhar, não se sinta culpado nem ignore o fato. Peça desculpas a si mesmo, ou a quem estiver envolvido; depois perdoe a si mesmo e continue sua vida.

EXERCÍCIO DE AVALIAÇÃO 2: Avalie sua atitude familiar e ancestral quanto aos relacionamentos

O modo como nos relacionamos com amigos e familiares pode, em geral, ser rastreado em nossas raízes ancestrais. A lista de termos a seguir descreve as qualidades que se referem aos relacionamentos:

acolhedor, afetuoso, crítico, tímido, fechado, expressivo, compassivo, triste, zangado, rígido, variável, introvertido, dominador, submisso, apaixonado, frustrado, insensível, violento, abusivo, condescendente, recuado, amável, leal, gentil, aborrecido, honesto, desonesto, quieto, dinâmico, espirituoso, cauteloso, reticente

1. Encontre os termos que melhor descrevem o que *você percebe* no comportamento de seus ancestrais quanto aos relacionamentos deles. Anote no quadro.

2. Quais termos descrevem melhor o seu comportamento a respeito de seus relacionamentos? Escreva no quadro. Veja se há semelhança entre as qualidades de sua lista e as da lista de seus ancestrais.
3. Se houver qualidades positivas que você partilha com seus ancestrais, reconheça e honre aqueles que contribuíram para isso.
4. Se houver atributos negativos, veja o que pode fazer para começar a despotencializar esses traços em sua vida.

EXERCÍCIO DE AVALIAÇÃO 3: Avalie sua atitude familiar e ancestral em relação a sexo

Os padrões de sexualidade que nos foram transmitidos pelos nossos familiares e ancestrais constituem uma forma poderosa de influência negativa que pode ser exercida sobre nós.

As pesquisas mostram que pais que abusam dos filhos também sofreram abusos quando crianças. Embora muitos pais não gostem de discutir essa questão, é importante investigá-la. Perceba se o comportamento de seus familiares e ancestrais em relação à sexualidade era:

livre e aberto, conservador, violento, abusivo, sensível, afetuoso, lascivo, sensual, libidinoso, perverso, frígido, zangado, receoso, honesto, desonesto, leal, submisso, aborrecido, controlador, tranqüilo, alegre, apático, voluptuoso, desinteressado, excessivamente interessado

1. Encontre os termos que melhor descrevem o que *você percebe* no comportamento de seus ancestrais quanto à sexualidade. Anote no quadro.

2. Quais termos descrevem melhor o seu comportamento em relação ao sexo? Escreva no quadro. Veja se há semelhança entre as qualidades de sua lista e as da lista de seus ancestrais.
3. Se houver qualidades positivas que você partilha com seus ancestrais, será valioso reconhecer e honrar aqueles que contribuíram para isso.
4. Se houver atributos negativos, veja o que pode fazer para começar a despotencializar esses traços em sua vida.

Os exercícios de avaliação também podem ser feitos em itens como dinheiro, saúde, religião, iniciativa e/ou obrigação, criatividade, alimentação, educação... e qualquer outro tópico que tenha algum significado para você. Quando mais conhecimento e consciência adquirir sobre o legado emocional recebido de seus ancestrais, mais fácil será curá-lo.

EXERCÍCIO: Cortando os laços com a negatividade ancestral

Esta meditação o ajudará a amar sua família e seus ancestrais pelo que eles *são*, e não necessariamente pelos *atos* deles.

Imagine-se no topo de uma colina. Um por um, seus ancestrais andam pelo tortuoso caminho que chega até você. Quando cada um deles se aproximar, você deve empunhar o bastão da verdade e penetrá-lo fundo no coração e na alma dessa pessoa. Esse bastão lhe dá grande compaixão e compreensão. Com ele, é possível ver os desafios e os triunfos que seus ancestrais encontraram na vida. Com infinita compaixão, mentalize-se dizendo a cada um: "Eu aceito você como é".

Quando cada ancestral estiver na sua frente, note o espaço entre vocês. Com freqüência, não enxergamos as verdadeiras conexões psíquicas entre nós e os outros. Se notar linhas de energia negativa, sinta-se livre para cortar a conexão – não a relação com o ancestral, mas qualquer influência psíquica negativa que ele possa ter sobre sua vida. Ao se despedir de seus antepassados e ao vê-los indo embora, envie-lhes suas bênçãos: elas irão formar um círculo no tempo e voltar até você.

4. Crie novos padrões familiares

Você sempre terá um passado, pois a alma ancestral o habita. Todavia, se avaliar a influência que sua família exerce sobre você, estará pronto para começar a curar o passado e a criar novos e mais amorosos padrões para o futuro.

Crie uma nova identidade

Uma das dificuldades para criar novos padrões familiares consiste em formar uma outra identidade. A sua está tão interligada à de sua família que, quando começamos a romper com ela, pode ocorrer um período em que não sabemos mais quem somos. Isso talvez seja bastante desorientador e desanimador. Sam, por exemplo, levou tempo para se libertar de padrões negativos. Sua família tinha muita desconfiança em relação a estrangeiros. Ele rompeu com essa influência e se tornou aberto e amável em todos os relacionamentos. Contudo, ao mesmo tempo, começou a *sentir-se estrangeiro* em sua própria família. Isso o chocou e o deixou inseguro sobre quem ele era. Sua identidade antiga, ligada ao padrão familiar, havia mudado, confundindo-o. Sam, então, decidiu afastar-se um pouco de seus familiares, para desenvolver seu novo senso de si mesmo. Com o tempo, conseguiu religar-se com sua família de modo positivo. Como resultado de sua abertura, seus familiares também se tornaram mais acolhedores.

Ao se libertar de um padrão negativo, é possível que você se sinta fora de lugar em sua família. As pessoas que mais o amavam podem se tornar as mais resistentes às mudanças pelas quais você passa. Isso, naturalmente, nem sempre acontece. Seus familiares também podem dar muito apoio às mudanças.

Quando você muda ou se liberta de um padrão familiar negativo, está criando uma outra identidade. Esse novo senso de si mesmo pode alterar a dinâmica de seus relacionamentos. Por esse motivo, é interessante analisar profundamente as características das relações com sua família atual e seus ancestrais, antes de fazer mudanças maiores. Alguns exercícios a seguir o ajudarão nessa avaliação.

EXERCÍCIO: Avaliação das relações com sua família atual

Para avaliar sua relação com cada uma das pessoas de sua família atual, pergunte a si mesmo:

- Como me sinto depois de estar com essa pessoa? Exaurido? Apoiado? Cheio de energia? Deprimido? Simplesmente bem?
- O que recebo desse relacionamento?
- O que esse meu familiar recebe de mim?
- Partilho um comportamento destrutivo quando estou com essa pessoa ou depois?
- Sinto-me fortalecido e apoiado, ou insultado e criticado?

- O que ganho por estar com essa pessoa supera os aspectos negativos desse relacionamento?
- Como ela reagiria se eu mudasse ou me libertasse do padrão familiar antigo?

EXERCÍCIO: Avaliação das relações com seus ancestrais

Você continua ligado aos seus ancestrais, ainda que eles tenham falecido. Ao criar uma identidade e padrões familiares novos, é importante avaliar suas relações com seus antepassados. Pergunte a si mesmo:

- Como me sinto a respeito dessa pessoa?
- Ganho algo de valor nesse relacionamento?
- Sinto que seria criticado?
- Esse meu familiar teria tido expectativas a meu respeito?
- Estou desapontando essa pessoa?
- Qual forma eu desejaria que minha relação assumisse?
- Como essa pessoa reagiria se eu mudasse um padrão ancestral?

Depois de avaliar suas relações, é preciso fazer algumas escolhas. Honrar suas raízes e seus laços não significa que você empenhe tempo ou energia com sua família. Por vezes, o modo mais saudável de honrar suas raízes talvez seja ficar um tempo *fora* de sua família. Cabe a você decidir se deseja estar com a família de um *novo modo*, ou simplesmente não estar com ela.

Peça aos seus ancestrais que o ajudem a criar novos padrões familiares

Exercícios de visualização são um excelente modo de acessar a mente inconsciente. Assim como os sonhos oferecem mensagens vindas do inconsciente, a visualização criativa (ou imaginação ativa) pode lhe oferecer informações valiosas sobre si mesmo e seu passado, que talvez não sejam facilmente acessíveis pela mente consciente. Numerosas tradições recorrem a um *mestre ancestral.* Nessas culturas, as pessoas freqüentemente invocam esse mestre, um ser que personifica as qualidades maravilhosas de todos os ancestrais coletivos. O exercício a seguir pode ajudá-lo a consultar seu *mestre ancestral*, a fim de que ele o ensine a criar novos padrões familiares.

EXERCÍCIO: O mestre ancestral

Imagine-se caminhando em um belo lugar na natureza. Nesse santuário, cada passo que dá o faz se sentir mais em paz consigo mesmo. Diante de você há uma esfera de luz branca tremeluzente. Entre nessa luminosidade e sinta-se envolvido de proteção e bênçãos. Então, fique por um momento repleto dessa luz. Depois, atravesse-a e sinta-se atraído para um lago tranqüilo. Este é o *lago da verdade ancestral.* Na outra margem, está seu *mestre ancestral.* Ao se ajoelhar, você pode ver imagens de tempos passados suavemente refletidas na superfície da água. Quando dirige perguntas ao mestre, as imagens no lago mudam, mostrando informações valiosas sobre o passado, que podem ser usadas para curar a árvore familiar. Faça perguntas como:

- Quais são os traços mais valiosos que recebi de meus antepassados?
- Como posso usar melhor minhas qualidades a fim de ser valioso para o Universo?
- Quais são minhas tendências negativas que foram transmitidas do passado?
- Qual é o melhor modo de curar o ciclo?

Ao terminar, agradeça a seu mestre ancestral e volte à consciência diária.

Mude seu ponto de vista sobre o passado

Sua relação com o passado se baseia em suas lembranças, tanto conscientes como inconscientes. Elas geram seu comportamento, que se constrói em suas ações passadas, mas também é influenciado por seu ponto de vista atual. Quando sua maneira de pensar se altera, é possível mudar o contexto em que você vê suas recordações; isso, por sua vez, permite criar novos padrões familiares. Por exemplo: se considerar que as suas experiências passadas foram valiosas, então todas as suas lembranças refletirão essa crença. Se acreditar que seu passado foi completamente miserável, suas lembranças irão coincidir com isso.

Toda a história, oral ou escrita, foi construída para se alinhar com uma ideologia ou ponto de vista. Por incrível que pareça, se você modificar seu pensamento, consegue alterar o contexto em que considera seu passado. Ao fazer isso, é possível mudar seu presente e até seu provável futuro, e criar novos padrões familiares. O exercício que segue pode ajudá-lo a reestruturar seu passado.

Reestruture o passado

O exercício a seguir é um dos mais poderosos que experimentei. Ele permite que você viaje no tempo, para ver a si mesmo na infância e ir mais além ainda, para ver e se contatar com seus pais e avós quando eram crianças. Acredito que a força desse exercício consiste na maleável natureza do passado. Fomos educados para crer que o passado é acomodado e imóvel. No entanto, acredito que ele pode mudar, afetando o presente e o futuro.

Ainda que você não acredite ser possível realmente mudar o passado, lembre-se de que ele habita em seu DNA e nas células de memória de seu cérebro. Ao mudar o passado, você irá alterar também os padrões negativos ligados a ele. O exercício o ajudará e pode ser realizado tanto se seus pais e avós forem vivos como se já tiverem falecido.

Para se programar para essa jornada interior, peça a alguém que leia o roteiro com voz bem suave. Você também pode gravá-lo e reproduzi-lo depois (ao fazer isso, substitua "eu" por "você"). É um exercício tão importante que o inclui aqui em sua totalidade.

EXERCÍCIO: A jornada até seus ancestrais imediatos

Encontre uma posição para seu corpo ficar bem à vontade, sentado ou deitado. Respire fundo e com ritmo, durante algum tempo. Cada inspiração, expiração e o som que ouve o deixam mais relaxado. (Faça um período de silêncio.)

Muito bem. Agora, torne-se consciente de seu pé esquerdo e sinta-o relaxar-se totalmente. Dirija sua atenção ao pé direito e sinta-o relaxando. Imagine uma sensação maravilhosa de relaxamento subindo por suas pernas como ondas que deslizam na praia. Continue a mentalizar essas ondas alcançando seu tronco, seus braços, até o alto de sua cabeça. Seu corpo inteiro está relaxado, aquecido e confortável. Respire profundamente, entre em relaxamento total e continue.

Comece a voltar no tempo, em sua própria vida. Imagine um evento que aconteceu esta manhã. Faça-o parecer tão real quanto puder. Coloque-se de fato dentro dessa lembrança. Recorde os odores, as cores e os sons. Relembre o que as pessoas diziam e o que você estava sentindo, tanto física como emocionalmente. Relembre com tantos detalhes quanto puder. Agora deixe que a lembrança se vá.

Volte a uma lembrança de ontem. Mergulhe completamente nela e deixe que se vá. Pense em outra de uma semana atrás. Não se preocupe se vier à sua mente alguma que não seja exatamente dessa data. Qualquer lembrança que aparece é a certa. Relembre-a quanto possível, e depois deixe que se vá. Continue a voltar no tempo. A cada vez, mergulhe em uma lembrança, e depois deixe que se vá.

Repita as frases seguintes devagar, deixando tempo para que a lembrança venha à tona antes de liberá-la. Essa parte do exercício é útil porque permite que venham à tona padrões que depois serão liberados.

Agora vá a uma lembrança em que você estava feliz.
Deixe que ela se vá.
Vá a uma lembrança em que você estava triste.
Deixe que ela se vá.

Vá a uma lembrança em que você estava zangado.
Deixe que ela se vá.
Vá a uma lembrança em que você estava em paz.
Deixe que ela se vá.
Vá a uma lembrança em que você estava magoado.
Deixe que ela se vá.
Vá a uma lembrança em que você estava ignorante.
Deixe que ela se vá.
Vá a uma lembrança em que você estava excitado.
Deixe que ela se vá.
Vá a uma lembrança em que você estava com medo.
Deixe que ela se vá.
Vá a uma lembrança em que você estava apaixonado.
Deixe que ela se vá.
Vá a uma lembrança em que você estava ressentido.
Deixe que ela se vá.
Vá a uma lembrança em que você se sentia sábio.
Deixe que ela se vá.

Agora vá a uma lembrança de quando você estava aproximadamente com 18 anos. Deixe que ela se vá. Volte até os 16 anos. Continue viajando para trás no tempo, para trás, em sua infância: com a idade de 15 anos... 14... 13... 12... 11... 10... 9... 8... 7... 6... 5... 4... 3... 2... 1 ano... 6 meses... 3 meses... 1 mês...

Você está continuando sua viagem para trás no tempo, para além de sua vida presente, para além do útero... e para mais além. Agora está viajando para trás no tempo, quando sua mãe (ou a pessoa que você identificou como mãe) era uma criança bem pequena. Mentalize essa cena. Veja sua mãe como uma criança, talvez passando por alguma necessidade. Não importa qual tenha sido sua relação com ela em sua vida posterior. Agora ela é uma criança infeliz. Pegue-a em seu colo e a console. Segure-a e a acalente. Faça-a sentir que está sendo cuidada. Você conhece os desafios e as dificuldades que ela terá pela frente, e lhe oferece compreensão e amor. Imagine uma luz bela envolvendo vocês. Essa luz infunde uma energia maravilhosa no espírito dela, que entremeará sua vida e, por meio dela, chegará até você. Agora, veja-a sorrindo e feliz, correndo à luz do sol.

[Se você estiver fazendo uma gravação, repita a parte anterior a essa meditação, em relação a ver sua mãe como criança pequena, e volte atrás no tempo quando seu pai (ou a pessoa que você identificou como pai) era um menino pequeno. Você pode repetir esse exercício com cada um de seus avós maternos e paternos. Veja essas pessoas como crianças, em um tempo de necessidade. Faça isso mesmo que não se lembre de seus avós. Apenas imagine que eles são crianças. Então mentalize que está transmitindo a cada pessoa uma energia vibrante, saudável e amorosa, como fez com sua mãe. Isso as ajudará em suas vidas inteiras. Você está positivamente influenciando o passado e isso, por sua vez, tem um efeito positivo sobre sua vida e seu futuro.]

Agora, volte aos poucos para sua vida presente. Apenas deixe que as imagens e lembranças diminuam e vão embora, flutuando. Enquanto volta para a consciência normal, tome alguns momentos para se ajustar ao tempo presente. Espreguice e abrir os olhos. Muito bem.

Quanto mais se dirige para uma consciência normal e desperta, mais se sente bem, firme e fortalecido. Você acabou de viajar com coragem até seu passado, olhou sem crítica aqueles e aquilo com os quais esteve. Ao fazer isso, sua vida se intensificou e se enriqueceu. você deu um passo para mais perto da divindade que existe no seu interior. Está livre para explorar qualquer tempo passado, e o conhecimento que ganhará cria espaço para tornar sua vida mais realizada e completa.

Agora vou contar de um a cinco. Quando eu chegar a cinco, você estará totalmente desperto e consciente. Um... dois... Seu corpo é saudável e forte. Três... Cada vez mais desperto. Quatro... Seus olhos parecem banhados com água corrente, fresca e fria. Cinco: você está completamente desperto e sentindo-se grande. Abra seus olhos. Espreguice-se e curta a beleza do dia.

Você *pode* curar o passado. E pode fazê-lo amorosa e suavemente, mas com firmeza. Mantenha a visão do que deseja realizar e conserve a atenção nessa meta. Lembre-se de que tudo o que lhe aconteceu permitiu que crescesse espiritualmente. Há valor em seu passado, não importa a forma que tomou. Talvez ele o tenha tornado mais compassivo com o sofrimento de outros. Talvez tenha lhe possibilitado se tornar mais forte. As raízes da árvore mergulham mais profundamente onde os ventos sopram mais fortemente. O Dalai Lama disse que não aprendemos a tolerância com nossos amigos; para desenvolvê-la, precisamos de experiências que cultivem essa qualidade dentro de nós.

Considere seu passado um dom precioso. Por trás da dor e do sofrimento, você aprende com cada uma de suas experiências, assim como aprende com o legado emocional que herdou dos seus antepassados. O espírito de apreço e de gratidão por aquilo que recebeu permitirá que o futuro se desdobre para você em harmonia.

4

Fortaleça seus descendentes

Tive o privilégio de passar um tempo na África com Vusamazulu Mutwa, honorável líder espiritual do povo zulu. Esse homem notável é um visionário e profeta respeitado. Ele me confiou o maravilhoso modo como os antigos fortaleceram seus descendentes:

> Nossos ancestrais sempre foram muito conscientes de nós. Se você olhar para trás na história, verá que várias de suas ações foram por causa da consciência de nossa presença. Eles escreveram, por exemplo, mensagens em muros de pedras e deixaram registros até mesmo em pedras soltas; depois as colocaram em lugares bastante inacessíveis e perigosos – para que permanecessem tempo afora e fossem descobertas por seus descendentes. Queriam que soubéssemos que haviam estado ali, e nos deixaram ensinamentos que não compreendemos, por causa de nossa falta de conhecimento.
>
> O povo antigo não construiu templos apenas para sepultar seus entes. Não era essa a intenção principal;

os corpos enterrados dentro dos templos eram um meio de proteger esses locais. Na Inglaterra e Europa, pessoas importantes são sepultadas no interior das catedrais. Isso não significa que a catedral é construída para esse fim... esse costume, além de dar certo respeito ao local, desencoraja a ação de vândalos. Os antigos templos foram criados para os descendentes.

Nossos ancestrais e as pessoas de um remoto passado estavam bastante conscientes de nós. De muitas maneiras, tentaram nos advertir sobre a possibilidade de cataclismos que abalariam o mundo. Não tinham preocupação pessoal... procuravam apenas nos alertar. Eles sabiam que iriam morrer séculos e séculos antes do fim do mundo. Apesar disso, tinham tão grande amor e eram mais preocupados conosco do que com eles próprios. Previram dilúvios e a morte de milhões de animais. Queriam nos advertir sobre o perigo que correríamos. Por quê? Porque sentiam imenso amor e compaixão por nós. É por isso que eu lhe digo, Denise, que seu livro [*Quatro passos do poder pessoal*] sobre ancestrais e descendentes é muito importante.

Nossos antigos pais e mães estavam repletos de amor por nós. Sentiam-se responsáveis e, assim como protegiam sua prole na época, procuravam também defender aqueles que viriam muito e muito tempo depois. Eles queriam que não nos prejudicássemos e, por isso, procuraram nos passar o conhecimento de muitas formas, algumas das quais ainda hoje não conseguimos compreender. Por acaso, pensamos nos seres humanos de milhares de anos atrás? De modo algum. Culturalmente, somos egoístas, autocentrados e cegos, ao contrário das pessoas antigas. Os homens e as mulheres que nos

> deixaram milhares de artefatos, de cálculos matemáticos e várias mensagens sobre os acontecimentos futuros estavam nos dizendo que os cataclismos podem ser evitados. É por isso, minha pequena [o líder se refere a mim como "minha pequena"], que acredito na previsão dos antigos sobre as mudanças que irão ocorrer; elas não deveriam ser chamadas de fim do mundo, e sim de renascimento do ser humano.

Suas ações, pensamentos e amor podem fortalecer seus descendentes. Quais são eles? Como ajudá-los? Este capítulo lhe mostrará como responder a essas questões e influenciar positivamente as próximas sete gerações.

Rastreie seus descendentes biológicos

Seus descendentes biológicos são óbvios: os de sangue são seus filhos e netos, que podem ter a mesma cor do cabelo e dos olhos, ou temperamento parecido. Você está fortemente ligado a eles, que carregam o código genético de seu DNA, assim como o de seus ancestrais está no seu sangue.

Por meio da meditação e da visualização, você consegue rastrear seus descendentes e até entrever suas vidas. A meditação não é um simples exercício da imaginação; com ela, é possível visitar suas próximas gerações. Há *portais*, pelos quais se observa o futuro e é possível, inclusive, plantar sementes que podem contribuir para que ele seja melhor. Isso não é apenas documentado pela clarividência. Desde o começo da civilização, as pessoas receberam informações acuradas sobre o amanhã. Muitas predições antigas se realizaram, sonhos previram corretamente o que aconteceria, e pessoas comuns tiveram premonições. Essas questões fascinaram filósofos e cientistas.

Para compreender esses fenômenos, é preciso examinar a natureza do tempo. Na vida normal, o espaço ao nosso redor é medido pela altura, largura e comprimento. Albert Einstein, porém, declarou que o espaço e o tempo são inseparáveis e juntos formam o *continuum do espaço-tempo*. Também afirmou que eles são elásticos, ou seja, podem se expandir ou se contrair e formar curvas de quatro dimensões. O tempo, portanto, pode dobrar-se sobre si mesmo. Embora essa idéia pareça confusa, o campo da matemática sofisticada a confirma. Para os antigos, a natureza cíclica do tempo é tão natural quanto o ar que respiramos.

A meditação sobre o futuro pode ser como um tempo sobreposto, ou uma dobra no tempo, na qual existem janelas para o futuro. Os cientistas a chamam de *buracos de minhoca cósmicos* – a minhoca faz um buraco para atravessar a fruta, em vez de rodeá-la. Mesmo que você não viaje para o futuro, o ato de visualizar algo positivo já inicia um processo de mudança no inconsciente coletivo. Quanto mais pessoas acreditarem na realidade das sete próximas gerações, mais oportunidades nossos descendentes terão.

EXERCÍCIO: Jornada para encontrar seus descendentes biológicos

Imagine que você está na praia em uma nublada manhã de verão. As ondas do mar avançam suavemente e deslizam na areia dourada. O ar está fresco e puro. Enquanto caminha, vê a distância uma esfera tremeluzente de cerca de três metros de tamanho repousando suavemente na areia. Sua superfície parece coberta de prata opalescente, que reflete a luz branda do sol. Ao se aproximar, um misterioso zumbido ou vibração emana da esfera e aumenta com sua presença.

De repente, o zumbido cessa e uma porta se abre na esfera. Você entra e se senta em uma confortável cadeira. Embora ninguém consiga enxergar dentro da esfera, você pode ver claramente a paisagem do lado de fora. A porta se fecha. Lentamente, a esfera sobe. Enquanto observa, ela se eleva cada vez mais. Ao olhar para baixo, você vê o planeta coberto por brumas espiraladas. São as brumas do tempo. Você sabe que, abaixo da densa cobertura de brumas, o tempo está mudando. O planeta está avançando no tempo.

Devagar e suavemente, a esfera começa a descer, até aterrissar em uma área próxima de seus descendentes biológicos. Ao chegar, você pode sair e explorar o mundo deles. Viaje mais e mais distante em sua esfera do tempo, cada vez pousando perto de seus familiares. Sempre que encontrá-los, comunique-se, dando-lhes seu parecer e orientação sobre o que tiver aprendido em sua vida.

Quando terminar, volte ao presente pela esfera do tempo, sabendo que influenciou positiva e amorosamente suas próximas gerações.

Você pode repetir esse exercício quantas vezes quiser, para aprofundar a relação com o mesmo familiar ou para ampliar o círculo, incluindo outros descendentes de sangue.

Descendentes espirituais

A influência que você exerce sobre seus descendentes espirituais é tão importante quanto aquela que incide sobre os descendentes biológicos. São filhos, netos e outros, mesmo que não estejam diretamente relacionados com você. Crianças de famílias desfeitas, adotadas ou enteadas são também seus descendentes e recebem influência da mesma forma que seus familiares biológicos. Se você não tiver filhos, terá descendentes espirituais. Pessoas sem filhos influenciam profundamente as gerações futuras, e muitas delas deixaram marcas indeléveis na história.

Seu campo de influência vai muito além das fronteiras de sua vida. Alcança as pessoas com quem teve uma interação qualquer e, também, os filhos delas. Ainda que jamais saiba, sua influência muda o mundo por meio de suas ações e experiências. Alguém a quem você cede seu lugar em uma fila de espera talvez dê início a uma corrente de reação positiva. Sua generosidade pode ter aberto a alma de uma mãe para deixar que sua filha ingressasse na universidade que esta almejava; essa decisão possibilitou à estudante descobrir uma vacina contra um poderoso vírus, porque aquela universidade possuía um excelente laboratório. Isso é um exemplo hipotético, apenas para que você compreenda o longo alcance de seus gestos para a futura progênie do mundo. O exercício a seguir o ajudará a rastrear e fortalecer seus descendentes espirituais.

EXERCÍCIO: Jornada ao encontro de seus descendentes espirituais

Mentalize uma campina em uma clareira rodeada por um círculo de névoa densa. Ela está cheia de luz do sol, relva viçosa salpicada de flores primaveris e canto matutino dos pássaros. No centro, existe uma grande mesa-redonda. É em torno dela que seus descendentes espirituais se reunirão. Há uma cadeira especialmente reservada para você. Imagine-se sentado em seu lugar.

Um por um, vindos da névoa que os circunda, seus descendentes espirituais se aproximam, tomando seus lugares em torno da mesa. Taças mágicas, cheias de água cristalina, aparecem diante de cada um. Quando você levanta a taça para brindar o futuro, seus descendentes juntam as deles à sua. É hora da reunião. Você poderá fazer perguntas individuais ou discutir em grupo algum tema importante. Juntos, poderão enviar energia e cura para qualquer lugar ou tempo (passado, presente, futuro).

Você pode repetir esse exercício quantas vezes quiser, para aprofundar a relação com o mesmo descendente espiritual ou para ampliar o círculo, incluindo outros membros.

Presentes para o futuro

Há muitos modos de enviar presentes para seus descendentes. O mais importante nessa atividade é que você esteja conscientemente transmitindo amor, fé e esperança para aqueles que virão depois. Assim, estará ajudando a garantir que a vida deles na Terra seja melhor. Eles poderão sentir a energia amorosa e a fé que você deposita neles, e isso acenderá o amor, a esperança e a felicidade em suas vidas.

Carta com "história de vida"

Um presente maravilhoso que você pode dar às sete gerações de seus descendentes é uma carta com sua "história de vida". Seria um relato caloroso e íntimo sobre o que foi mais importante em sua trajetória até o momento. Conte-lhes as experiências que o moldaram, as lições aprendidas ou o que mais precisou aprender, e as informações que gostaria de lhes passar.

Inclua detalhes específicos, pois não é possível saber qual informação seria particularmente importante e útil para eles. Os problemas poderão ser diferentes, mas talvez alguma pequena descoberta sua possa poupá-los de sofrimentos e perturbações.

Conte a seus descendentes sobre as pessoas que ama, os lugares, livros e animais que foram importantes em sua vida. Fale sobre os sonhos que teve com o futuro *deles*. Isso é muito direto e pessoal, e eles irão ler suas palavras anos e anos depois de lhes ter escrito.

Você pode partilhar essa carta com seus filhos, que talvez se animem e juntem as deles à sua. Se não tem filhos, decida a quem entregará sua carta. Encontre alguém de sua confiança – talvez um sobrinho ou sobrinha, ou um colega de trabalho com quem conviveu durante anos. Saiba compreender as recusas que poderão acontecer, porque se trata de muita responsabilidade e nem sempre as pessoas se sentem capazes de aceitar essa missão. Saiba, porém, que, no momento oportuno, a pessoa certa aparecerá.

CARTA: Se eu pudesse viver minha vida novamente

Você também pode escrever um outro tipo de carta para seus descendentes, contando o que mudaria se pudesse viver sua vida novamente. Se preferir, escreva sobre até o momento presente ou imagine-se no fim de sua vida. Isso pode trazer grandes percepções, tanto para você como para eles.

Transcrevo, a seguir, uma parte da minha carta a meus descendentes. Enquanto a escrevia, senti imenso amor e dedicação por todos eles e sabia que continuaria a apoiá-los e amá-los muito além da morte de meu corpo.

Queridos descendentes,

Se eu pudesse viver minha vida novamente, gostaria de dedicar mais tempo para ouvir os outros do que para defender meu ponto de vista. Seria mais simples e mais disposta a bancar a boba. Não levaria a vida tão a sério, e riria muito mais, principalmente de mim mesma. Eu me exporia a mais riscos. Amaria meu corpo independente de sua forma, e não me justificaria por algo que nada tem a ver comigo.

(...)

Caros descendentes, talvez aprendamos essas coisas só depois de viver; contudo, se minhas experiências podem ajudá-los, ainda que pouco, isso talvez torne as mesmas lutas que enfrentei muito mais fáceis para suportarem. Acredito em vocês. Eu os vi em meus sonhos e visões. Vocês têm meu amor e continuarei a enviá-lo por meio do tempo e do espaço.

Sua ancestral,
Denise

O que aprendeu em sua vida?

Outra contribuição a dar a seus descendentes é escrever sobre a sabedoria que conquistou com suas experiências. Isso poderá não só beneficiar os que virão depois, mas o ajudará a esclarecer para si mesmo o que aprendeu com suas lições de vida. Que informações acharia importante transmitir aos seus descendentes? Escreva uma lista e faça cópias. Guarde uma e distribua as outras para seus descendentes biológicos e espirituais. Essa lista poderia acompanhar a carta com a "história de vida".

Se eu pudesse reunir meus descendentes enquanto ainda jovens e abertos, eis o que, baseada em minhas experiências, gostaria que eles soubessem:

Conselhos fundamentais

- Ria o mais que puder. Cultive o bom humor. Dê gargalhadas de si mesmo, até nos tempos difíceis. Certa vez, eu quase morri – foi ao menos o que o médico disse. Era algo sério. O tubo artificial de plástico que substituía minha aorta se desprendera do vaso ao qual estava ligado. Meu marido, David, foi me visitar e me olhou, preocupado. Talvez aquele melodrama todo tenha nos atingido ao mesmo tempo, porque despencamos a rir. E nossas gargalhadas explodiam estrepitosamente pelas paredes. Senti-me ótima depois disso... Não sei o que provocou nossa gargalhada, mas sempre me maravilhei de ter contribuído para a notável cura que aconteceu depois.
- Jamais pare de aprender. Não importa a idade que tenha: continue a crescer. Aprenda novas habilidades, pratique novos talentos, estude uma língua estrangeira (pena que não aprendi enquanto jovem), arrisque-se a tocar um instrumento musical, faça um treinamento para socorro cardíaco – que, talvez, possa salvar a vida de alguém.
- Cultive um jardim ou tenha algumas plantas em casa. Dedique tempo à natureza. Lembre-se de que a vida é sagrada.

Integridade

- Viva com integridade. Em geral, as crianças têm um forte senso de certo e errado. Elas sabem que não se pode mentir, fraudar, roubar. Já as pessoas mais velhas tendem a relativizar as questões: "Todo mundo frauda no imposto", "Posso desviar um pouquinho de quem tem muito", "Ninguém ligará se eu pegar algumas canetas do trabalho". Isso é errado. Mantenha a integridade, ainda que só você saiba dela. *Ja-*

mais minta, fraude ou roube. Há situações, porém, em que a integridade deve seguir o bom senso do coração; às vezes, a mentira é necessária e até uma qualidade – por exemplo, se você estivesse escondendo judeus na Alemanha nazista.

- Mantenha sua palavra, principalmente quando se trata de um compromisso consigo mesmo. Sua palavra é seu poder. Quando você a mantém, o Universo inteiro colabora para apoiar seu compromisso.

Tranqüilize sua mente

- Esteja em paz e as respostas virão. Aprenda a ficar em silêncio, tranqüilize a mente para estar atento aos sinais, e absorva a sabedoria do Universo, que está sempre se comunicando com você.
- Diminua o ritmo. Elimine o supérfluo. Simplifique sua vida. Passe tempo sozinho, simplesmente para *ser*.
- Ao menos uma vez, saia em busca de novos horizontes. Você não está neste planeta apenas para sobreviver. Sua vida tem um propósito. Retire-se em meio à natureza, em silêncio, procurando descobrir quem você *é* e qual é seu projeto de vida.

Não existe acaso

- Nada acontece por acaso. O Universo se revela a você exatamente como deveria, não importa se você está ou não consciente disso. Sua vida se encherá de paz quando escolher a alegria de estar exatamente onde está.
- Se suas intenções abrirem o caminho, a energia fluirá. A sua atenção, o seu foco, vai determinar o resultado. Se você fo-

calizar a luz e a beleza, sua vida será iluminada e bela. Se focalizar o que é errado, ficará cercado por um mundo calamitoso.

- Admita os enganos. Não se torture. Não existem acasos. Arrependa-se e continue sua vida. Assuma sua responsabilidade e não culpe os outros.
- Basta ser o que você é. Isso lhe trará espontaneidade e naturalidade. A verdadeira paz vem de simples e incondicionalmente aceitar os outros e a si mesmo, sem expectativas ou exigências. Quando você gostar de quem e do que é, nada poderá atingi-lo, e sua vida se tornará maravilhosa e alegre.

Assuma riscos

- A vida é uma grande e sublime aventura. Mergulhe nela sem medo e apaixonadamente, esperando o melhor. Assuma riscos e não fuja de desafios. Lance-se a eles com paixão e vigor. Enfrentar riscos tem seu preço, mas este custa menos que a estagnação e a inação. Se você nunca teve dificuldades, medo ou insegurança, é porque está acomodado. O crescimento supõe o desejo de ir além do conhecido ou garantido.
- Seja firme! No fim da vida, você lamentará mais o que não fez do que aquilo que realizou. Will Rogers, um orador cherokee, disse: "Por que não subir até o galho? É lá que a fruta se encontra".
- Seja imprevisível! Ouse a cada momento. Embarque em uma aventura extravagante. Se você for previsível, começará a criar sulcos que ficarão sempre mais fundos.

Emoções

- Não importa sua idade: permita que sua criança interior se expresse. Seja divertido e espontâneo. Ria quando estiver feliz. Chore quando estiver triste. Seja simples! Bata palmas com alegria e satisfação. Sorria! Ame profunda e totalmente.
- O tempo é uma invenção do mundo moderno. Só é real o "aqui-agora". Se você alimentar problemas do passado e preocupações com o futuro, não experimentará o potencial magnífico disponível exatamente já. Quando dirigir sua energia para o presente, então a criatividade, a paz e o vigor explodirão dentro de você.
- Para se livrar do medo, tome uma decisão, ainda que não se sinta seguro. Se não puder vencer o medo, então escolha-o; opte por senti-lo. Quando você tomar consciência de que é a fonte de seu próprio medo, estará, então, no controle, e esse sentimento não o dominará mais.

Manobrando as dificuldades da vida

- Sempre que tiver uma dificuldade, imagine o pior que poderia acontecer. Se você aceitar essa possibilidade, irá conseguir lidar com tudo o que a vida lhe trouxer.
- A vida sempre caminha em círculos. Cada parte do grande círculo da vida é sagrada. Sua vida terá tempos sem cultivo, mas eles são essenciais para a colheita.
- Não é preciso sofrer para crescer. De fato, podemos evoluir espiritualmente sem qualquer sofrimento. Sempre que esse sentimento o atrair, diga: "Não preciso sofrer para crescer".
- O passado é maleável. Se quiser mudar seu presente, mude o passado que existe em sua mente.

- Você vai superar situações, lugares e até algumas pessoas. Vai crescer e amadurecer. Esteja disposto ao desprendimento. Quando uma porta se fechar, outra se abrirá.
- Não perca tempo desejando ter sido alguém diferente ou ter vivido em outro lugar. Aceite e declare que onde está é o mais empolgante lugar, e o Universo virá saltitando até você.
- Sua vida não é um amontoado de fatos desconexos. O sofrimento que nela aparece tem um propósito. Procure sua lição.

Carreira

- Se o trabalho que realiza não o desafiar, inspirá-lo ou absorvê-lo, não o faça. O que acende seu entusiasmo, otimismo e gosto de viver? Quando descobrir isso, saberá qual é o verdadeiro trabalho que lhe compete.
- Tome decisões mais baseadas na alegria do que naquilo que é prático e lógico. Siga seu coração e seus sonhos.
- Deus não força as flores: elas se abrem quando estão prontas. Há um ritmo natural que permeia sua vida; não procure forçar os acontecimentos. Tudo tem seu tempo.
- Faça bem-feito tudo o que realizar.
- Aprendi mais com minhas falhas do que com meus sucessos. Não tenha medo de errar. Com freqüência, descobrimos o que *funciona* ao encontrar aquilo que não dá certo. Tenha coragem de se arriscar, porque quem nunca erra também jamais terá sucesso.
- Torne prioridade não ter dívidas. Pague tudo em dia, principalmente antes de gastar em algo que não seja absolutamente necessário.
- Quando algo estiver fora do seu poder aquisitivo, não se preocupe por não ter dinheiro suficiente para comprá-lo. A limitação financeira pode ser uma bênção, pois lhe permiti-

rá ativar sua criatividade e o abrirá para oportunidades que não perceberia se pudesse comprar tudo o que desejasse.

Relacionamentos

- Reserve tempo para curtir sua família e os amigos. Os relacionamentos são a chave da vida. Nada – poder, dinheiro ou fama – pode substituí-los ou poderá trazê-los de volta se acaso forem embora.
- Cada um e tudo o que o rodeia são seus mestres.
- Procure aprender a compreender os pontos de vista dos outros. Saiba que se você tivesse a mesma história que eles, iria agir exatamente do mesmo modo. Deixe de lado a pretensão de sempre estar "certo". Não se feche obstinadamente em sua própria opinião. Opiniões são pontos de vista, e todos eles são limitados. Aprender isso faz uma grande diferença.
- Amar é aceitar incondicionalmente as pessoas. Isso não significa gostar de tudo o que o outro faz, e sim amar *quem ele é* o mais intensa e totalmente que puder.
- Não tenha medo de dizer: "Não sei", "Preciso de ajuda", "Você está certo", "Cometi um erro" e "Desculpe-me".
- Cada pessoa e tudo o que existe à sua volta espelham sua vida. Você não vê as coisas como elas são; e sim as enxerga como *você* é.
- Se você é meu descendente masculino, trate bem as mulheres. Aprenda sobre o sexo oposto, assim irá compreender que as mulheres são diferentes dos homens. Isso tornará sua vida muito mais fácil.
- Se você é minha descendente feminina, trate bem os homens. Aprenda sobre o sexo oposto, pois irá compreender que eles são diferentes das mulheres. Isso tornará sua vida muito mais fácil.

- Você só poderá dar o quanto estiver disposto a receber.
- Jamais diminua a esperança de alguém. Fortaleça os sonhos e as visões das pessoas e você crescerá. Celebre os sucessos dos outros e você será bem-sucedido.
- Não xingue. Cada palavra carrega uma energia, que irá abaixar ou elevar a sua. Em toda comunicação há troca de energia. Ao xingar, você diminui a sua e a da pessoa com quem fala. Se conhecer a força de suas palavras, você se tornará mais cuidadoso em sua comunicação.
- Devolva exatamente o que emprestou. Nunca peça nada se não estiver disposto a perder algo que emprestou.
- Aprenda a encontrar satisfação onde e com quer que você esteja.

O lar

- Seu lar é uma metáfora de sua vida. Crie beleza e paz a seu redor e seu caminho se tornará mais belo e pacífico. Se houver coisas das quais não gosta ou não usa, livre-se delas. Elas bloqueiam sua energia. Ao retirar os entraves de seu lar, imagine que está também eliminando as teias-de-aranha de sua alma, e assim será. O Universo responde aos atos simbólicos.
- Crie um espaço sagrado em sua casa, um altar ou relicário, e coloque nele objetos espiritualmente significativos para você. Esse altar será o ponto central do divino dentro do lar.
- Leve a natureza para dentro de sua casa, a fim de se religar com a terra. Para isso, coloque objetos do mundo natural (madeira, pedra, plantas, água) nos ambientes.
- Se desejar paz, crie um ambiente tranqüilo. Se quiser prosperidade, crie um ambiente que sugira abundância. Use sua

casa como metáfora, e ela se tornará uma mensagem subliminar que o ajudará na realização de seu caminho.

Seus descendentes

- Estimule seus filhos e faça com que se sintam importantes e únicos.
- Se esforce para garantir uma boa educação a eles.
- *Jamais* prometa algo que não possa cumprir. Por meio de suas ações, mostre que você é um ser nobre. Eles seguirão seu exemplo.
- Ouça-os. Mostre que as palavras deles são úteis e valiosas.

Milagres

- Acredite nos anjos, na magia e nos milagres – eles existem. Sua vida é guiada. Você é sempre rodeado de mensageiros do Espírito, e basta invocá-los mentalmente.
- Você é um filho de Deus e tem pleno direito de estar aqui. Sua presença é um milagre.

CARTA: "Se me restasse apenas um mês de vida"

Este exercício serve tanto para você como para passar a seus descendentes. Reserve algum tempo e imagine se lhe restasse apenas um mês de vida. O que faria? Essa reflexão pretende mostrar se está vivendo ou não como deseja. Se sua vida for muito diferente de sua resposta, talvez seja o momento de fazer algumas mudanças.

Abaixo, apresentamos algumas possíveis respostas:

Se eu tivesse apenas mais um mês de vida, eu...

... viveria cada instante o mais plenamente que pudesse.

... gravaria um DVD e o deixaria para meus filhos.

... contaria à minha família e amigos quanto os amo.

... procuraria perdoar as pessoas que me magoaram ou resolver todos os meus relacionamentos.

... daria uma grande festa, convidaria todos aqueles que amo e, cerimoniosamente, distribuiria tudo o que possuo.

... limparia minha casa e organizaria meus papéis.

... usaria o tempo para ficar com meus filhos e pessoas de quem gosto.

... escreveria sobre minha vida.

... rezaria, meditaria e passaria o tempo no meio da natureza, falando com Deus.

... tiraria férias fabulosas em algum lugar quente e ensolarado.

Plante uma "árvore das gerações"

"Agradeço-lhe pelas sementes... Estou muito velho
para plantar árvores só para mim.
Farei isso para minha posteridade."
(DE UMA CARTA ESCRITA POR THOMAS JEFFERSON, 1800)

Um modo tradicional de enviar presentes para o futuro é plantar árvores. Em uma antiga floresta, todos sentimos a grandeza, a sabedoria e a estabilidade das velhas árvores. Há quantos anos estão aqui, dando beleza, sombra, alimento e purificando o ar? Suas profundas raízes ancoram o solo, evitando a erosão; suas folhas e ramos são lar de pássaros e animais.

Ao plantar uma árvore, você deixa de presente um ser que continuará muito depois de sua partida, melhorando a qualidade de vida de pessoas e criaturas que jamais encontrará. Plante árvores: o planeta se tornará melhor, mais belo, mais saudável – esse será um grande legado seu, sem dúvida.

Plante uma árvore especial para seus descendentes. Uma "árvore das gerações" será um símbolo vivo de sua fé e esperança no futuro, um ato sagrado. Ela aumentará a fé e a esperança das gerações futuras.

Escolha cuidadosamente o local em que irá plantá-la, pois isso pode indicar sua intenção e seu carinho. Pense no futuro dela: como crescerá, como sua sombra se projetará no chão, como será vista de diversos pontos. Pense no tamanho que terá quando crescer e no espaço que será necessário para seu total desabrochamento.

O início de algo sempre é simbólico e cheio de significado. Planeje uma cerimônia para o plantio. Ao realizá-la, declare claramente sua intenção, tanto para a árvore como para seus descendentes. A terra e o plantio ficarão carregados de desejos, que se realizarão com o tempo. Considere, porém, as condições e transformações futuras. É interessante prever que seus descendentes possam sempre ver a árvore. Pode haver mudanças; talvez ela seja cortada ou sua família se mude para longe. Diante disso, se preferir, em vez de plantar, adote uma para ser a "árvore das gerações". Escolha uma em um jardim, parque ou bosque protegido por leis ecológicas. Reúna seus descendentes e realize a cerimônia, agora não de plantio, mas de adoção. Explique que esta é a árvore *deles*; mostre que ela respira pelo planeta e que nela reside um espírito vivo ou uma identidade própria. Dê nome à árvore adotada. Você também poderá plantar diversas "árvores das gerações", em diferentes épocas da vida, deixando a seus descendentes um registro de onde foram plantadas. Cada uma delas é um legado de esperança para o futuro.

Cerimônia de bênção da "árvore das gerações"

Decida cuidadosamente o lugar onde a árvore será plantada. Prepare o solo. Escolha um dia significativo (aniversário de casamento, nascimento do último descendente etc.) e auspicioso para o plantio (estação, fase lunar etc.). Sua família deve formar um círculo em torno do lugar. A pessoa que for plantar deve apresentar o motivo e fazer uma dedicatória, como:

Dedico esta árvore aos nossos descendentes e às gerações que virão. Que você possa contribuir para um futuro cheio de árvores, flores e alegria para todos os seres vivos. Que o Criador, que em tudo habita, a encha de amor, luz e paz. Que possa oferecer sombra, beleza e cura para todos os que entrarem em contato com você.

Em seguida, cada um dos descendentes deve se aproximar e colocar um punhado de terra junto à base da árvore, acrescentando sua bênção. Para terminar, a pessoa mais nova deve regar a árvore, dizendo:

Que as águas da vida a alimentem, e você possa crescer com vigor e harmonia. Nós a amamos.

Uma árvore plantada desse modo irradiará muito mais força vital em toda a sua vida do que outra, plantada ao acaso.

Caixa das gerações

Outro presente que você pode dar aos seus descendentes, mais pessoal e íntimo, é criar uma "caixa das gerações". Uma caixa com objetos e lembranças importantes, que você gostaria de deixar a eles. Dentro, pode ter fotos, um poema que amava, uma concha que encontrou aos 16 anos, um papel que registre o momento quando decidiu o que fazer na vida. Junto com o objeto, se quiser inclua a explicação do porquê o guardou. O importante é selecionar objetos que tenham um grande significado em sua vida. Seus descendentes devem sentir que você os tocou, leu muitas vezes as palavras daquele papel amarelado, e compreender o significado que tudo isso trazia para sua vida.

Escolha uma caixa que lhe pareça forte, durável – de madeira, cerâmica, metal, bambu –, antiga ou nova, simples ou enfeitada. Pode ser uma que seja especial para você.

Converse com seus filhos ou descendentes espirituais sobre a intenção que você põe na caixa, o significado que deseja deixar para eles. Quando estiver mais velho, converse com eles a respeito de quem ficaria com a caixa e com a missão de entregá-la para as próximas gerações. Pode haver mais de uma caixa. O processo é vital. Cada geração pode acrescentar nela outros objetos significativos para a história da família. Se a família crescer muito, a caixa poderá ser dividida em outras, cada uma com sentido próprio para seus donos.

A "caixa das gerações" é o legado de um importante ato de fé. Todos nós guardamos objetos significativos para nossa vida e nossos valores. Ela poderá ser o lembrete de que é importante manter a identidade pessoal e também a do grupo ao qual pertencemos. Não tente controlar o processo. Cada geração, dentro de sua peculiaridade, descobrirá o sentido da caixa e poderá também acrescentar sentidos novos. O seu significado pode se multiplicar e outros sentidos talvez sejam embutidos. A vida é um processo de desabrochamento.

Trabalhos artísticos

Outro meio maravilhoso de enviar presentes para seus descendentes é criar belas obras de arte e de artesanato a serem repassadas por meio das gerações. Antigamente, as casas não eram concebidas para uma família pequena; eram construídas para filhos, netos e descendentes. Uma casa para as gerações.

Da mesma forma, os artigos do lar eram feitos para perdurar e serem passados aos descendentes: uma colcha de retalhos costurada pela avó, uma cadeira de balanço artesanal feita pelo bisavô, uma escrivaninha do tio escritor... transmitiam parte da história da família. Recrie esse costume. Ao herdar um belo objeto, cuide dele, mantenha-o em ordem. Faça objetos com criatividade e arte, e declare-os como herança para a próxima geração.

Fotos e filmes

As fotos de família registram momentos importantes da vida e constituem um legado precioso. Ao vê-las, as gerações futuras sentem-se parte de um grande contínuo. Ao observar os detalhes físicos, as expressões e os gestos dos antepassados, podemos imaginar sua realidade pessoal. Quem está na foto? Ao lado de quem? Quem não está presente? Quais emoções e sentimentos a imagem transmite? Algumas culturas acreditam que a foto captura a alma da pessoa. Na verdade, ela pode revelar muito sobre o "clima psíquico" de uma pessoa.

As fotos também ajudam a curar o passado. Olhando uma do avô que era misterioso, você pode "conversar" com ele mentalmente e perguntar sobre seus segredos. Se enfrenta dificuldade com o pai, uma foto dele pode ser usada como meio psíquico de contato para resolver a questão. Rever as fotos de um irmão falecido talvez nos revele sentimentos notáveis que o motivavam enquanto vivia. Falar de coração sincero com a imagem que vê dá excelentes resultados.

A foto também pode ser estimulante. Se você admirava um tio ou avô por terem qualidades que muito o influenciaram, coloque a foto deles em um lugar especial em sua casa. A imagem de um tio escritor, sob sua escrivaninha, traz inspiração para todo o seu trabalho. A de uma avó ou tia de alma bondosa pode trazer paz e tranqüilidade para seu lar.

As datas especiais são um bom motivo para registros. Filme reuniões e as pequenas entrevistas feitas com as pessoas. Faça perguntas pertinentes sobre a família e colha opiniões sobre assuntos importantes. Filmar seu marido enquanto trabalha para aumentar um aposento da casa é algo precioso, principalmente quando ele fala sobre a intenção de vocês naquele momento. Fotos inesperadas podem revelar o lado escondido das pessoas, ou o "outro lado" daquela pessoa tão severa...

Cuidar de seu legado fotográfico

- Se tiver fotos históricas ou raras, faça cópias e distribua para outros familiares. Se uma se perder, você terá outra.

- Não deixe "fotos misteriosas" para seus descendentes. Coloque o lugar, a data e o nome das pessoas.
- Se enquadrar suas fotos, coloque moldura apropriada e não as exponha ao sol. Um profissional pode orientá-lo na conservação.
- Se tiver filhos, faça um álbum para cada um. Eles poderão continuá-lo ao crescer e seguir seu caminho.
- Certos tipos de álbuns, como os de recorte, podem danificar as fotos. Tenha cuidado para que isso não aconteça.

Todos esses presentes formam um vínculo, uma ponte entre você e seus descendentes. São lembranças concretas da sua vida, de suas preocupações e do que o tornou o que é. Cartas antigas ou partes de diários de seus antepassados são valiosas para que os descendentes compreendam a si mesmos a partir do passado.

Defenda causas em que acredita

Nossas ações e nossos pensamentos em favor de grandes causas também são belos presentes para os descendentes. Trabalhe por causas sociais e humanitárias que tenham significado para a grande história do mundo. Diante de problemas que irão nos desafiar no futuro e ameaçar nossa existência, você pode contribuir participando de movimentos amplos de ecologia, sanitarização, promoções culturais de larga escala etc. Em vez de se entregar ao medo ou à indiferença, tome iniciativas, realize ações pequenas ou grandes que farão diferença no futuro.

Heranças culturais

A herança cultural é um importante legado para seus descendentes, principalmente as tradições que constroem a identidade do grupo ou do povo e os valores próprios que foram conquistados pelas gerações. Talvez sua família tenha sido alienada de tradições étnicas e culturais de seus ancestrais. Pesquise-as e encontre meios autênticos e significativos para incluí-las nas celebrações familiares, feriados, rituais e até refeições com receitas típicas.

Contar as histórias da família, assim como o folclore, as fábulas e as lendas do seu grupo étnico é um poderoso meio de preservar tradições. Elas contêm os costumes e os valores que marcaram a identidade do grupo. A história do avô que sobreviveu a uma grande seca, criando sozinho seus sete filhos, é um ótimo estímulo para a geração que poderá encontrar tantas dificuldades em sua vida. Ao ouvir as histórias da família, os filhos se sentem parte dela, aprendem a interpretar sua vida e também despertam para o seu papel nessa geração.

Transmitir os costumes e o artesanato do grupo também é algo importante. Da mesma forma, os cantos, as vestes e os jogos podem trazer orgulho para a nova geração, junto com o senso de pertencer à sua ancestralidade. Objetos e músicas antigos são meios tangíveis e audíveis para experimentar o passado no presente. Ao transmitir habilidades, objetos e conhecimentos ancestrais para seus filhos e descendentes, você contribui para fortalecer a vida de cada geração.

Purifique-se para seus descendentes

O mais importante legado que você poderá deixar para seus descendentes é sua purificação de crenças negativas e de bloqueios emotivos ancestrais (cf. capítulo 3). Quando domina suas fraquezas, põe fim aos vícios e retoma sua identidade, você cria uma enorme energia, que flui como uma onda de luz e de amor em direção ao futuro. Contar para seus descendentes suas lutas de libertação interior pode provocar contágio nas gerações futuras: outros poderão continuá-las, conquistando novos espaços de liberdade e de vida. O hábito de eliminar bloqueios e de ampliar os horizontes é o maior e mais nobre legado que você pode deixar para o futuro.

5

Crie um legado espiritual

Tradições, rituais, mitos e histórias: criar o sagrado e transmiti-lo

"Os perigos psicológicos, por entre os quais cada geração antiga era guiada pelos símbolos e exercícios espirituais de sua herança mitológica e religiosa, nós hoje devemos enfrentar sozinhos. Este é o nosso problema como indivíduos modernos e "iluminados", para os quais todos os deuses e demônios foram racionalizados fora da existência."

(JOSEPH CAMPBELL, *O HERÓI DE MIL FACES*)

A grande extensão das estrelas, que outrora iluminava o céu noturno, foi reduzida à insignificância pelas brilhantes luzes de nossas cidades. O canto dos pássaros pela manhã, que saudavam nossos ancestrais todo dia, quando se levantavam para cultivar seus campos ou sair para a caça, agora foram apagados pelo toque dos despertadores. Do mesmo modo, os grandes rituais e mitos se perderam para nós. Antigamente, eles marcavam e dignificavam os profundos mistérios e nos ajudavam a compreender nossas passagens de uma fase da vida para a outra; agora foram afogados no turbilhão de nossas vidas atarefadas e incoerentes.

Há uma necessidade essencial na psique humana de reintegrar tradições, rituais e mitos em nossa vida. Cada vez mais pessoas perguntam: "Quem sou eu? Qual o propósito de minha existência?" A volta do fundamentalismo, o sucesso do movimento *new age* e a formação de inúmeras associações espirituais atestam a necessidade das pessoas de reintegrar o santo, o sagrado e o mistério em sua vida.

Um meio de sanar esse vazio espiritual em nossa cultura é reviver antigas tradições, criar novas, e transmiti-las aos nossos descendentes. Com efeito, as tradições, os rituais e mitos nos religam ao passado e ao futuro, além de nos sintonizar com os ritmos da natureza e do Universo. Elas estão impregnadas com a substância da vida e nos levam à essência de nosso ser, restabelecendo a comunhão com o cosmo. Joseph Campbell, importante mitólogo, diz que "o mito é uma abertura secreta pela qual as inexauríveis energias do cosmo fluem nas manifestações humanas",[1] e que "a função primordial da mitologia e do rito sempre foi a de fornecer os símbolos que dessem impulso ao espírito humano".[2]

As histórias mitológicas criam significado humano dentro das complexidades do Universo. Colocam marcas conscientes e inconscientes que se tornam pontos de referência para nossa vida. Mito, rito e tradição são como bússola para nos guiar no caminho da vida, esclarecendo e validando tanto a história pessoal como a dos povos e das eras. Os aspectos disparatados de nossa vida recebem significado e coerência por meio desses sistemas, os quais organizam os eventos separados e sem sentido dentro de uma rica estrutura, que pode dar um senso de propósito para nossa experiência do viver.

---

1 CAMPBELL, Joseph. *The Hero with a Thousand Faces*, 2ª ed. Princeton, Princeton University Press, 1968, p. 3.

2 Ibid., p. 11.

Meu amigo Joseph Winterhawk Martin (Ariki Wairua) é um venerável *tohunga* (líder espiritual) da tribo Taranaki Maori, na Nova Zelândia. Recentemente, Joseph me confiou a importância que os rituais e as cerimônias tiveram em sua vida. Suas palavras aprofundaram minha compreensão da força desses antigos mistérios. Ele me apresentou um belo quadro do que significou crescer em uma cultura que reverenciava os modos antigos, nos quais os rituais e as histórias tradicionais ainda desempenhavam parte significativa no treinamento de um jovem:

> Em nossa tradição, éramos ensinados desde jovens a conhecer e a aprender nossa história, nossa árvore familiar, assim como nossos cantos, lendas e histórias. Um ancião freqüentemente nos chamava para juntos nos sentarmos sob uma árvore e ouvir os ensinamentos. Falavam-nos de nosso modo espiritual de viver e como nos comunicar com nossos ancestrais falecidos. Depois de cada ensinamento, eles nos mostravam como recordar o que havíamos aprendido, de modo que pudéssemos lembrar cada lição.
>
> Nossos anciãos eram muito rigorosos em seus ensinamentos. Tínhamos de aprender as cerimônias e sua importância em nosso modo de viver. Também aprendíamos antigas habilidades e meios de cura. Aprendíamos como coletar alimento e ervas medicinais na floresta, rios, lagos, correntes e mar. Também aprendíamos a antiga tradição de contar histórias. Adquirimos conhecimento de como fazer nossas tarefas de modo sagrado, e eles nos ensinavam como jejuar para receber uma visão sagrada de nossos ancestrais.
>
> Lembro-me claramente daqueles dias. Não restaram muitos que possam recordar esses ensinamentos e modos sagrados. Muitos adquiriram modos europeus,

abandonando seu modo maori de viver. Omito aqueles dias passados com os anciãos, porque muitos mestres meus já se foram.

Ritual, tradição e cerimônia

Nas culturas antigas, as cerimônias eram parte da vida. Algumas eram longas e duravam vários dias, ao passo que outras, mais curtas, eram realizadas diariamente. Todas, porém, estavam relacionadas com a comunidade e a herança. Marcavam momentos importantes da vida, como o nascimento, a passagem para a vida adulta, o matrimônio. Havia também rituais de cura, de preparação dos guerreiros para a luta e da volta deles para o lar. Todas enfatizavam que uma pessoa não está só, mas é parte de uma comunidade maior, em ligação com o passado e o futuro; ainda serviam para ligar grupos separados pelo espaço.

Nossos ancestrais tinham rituais para todos os aspectos de suas vidas: de purificação quando tabus eram violados, de plantio, de apresentação das sementes, de agradecimento pela colheita, de caça e até durante as refeições. Havia cerimônias para eventos pessoais: cura de uma doença grave, mudança para uma casa nova, realização de uma jornada perigosa. Elas visavam ao respeito pelos aspectos divinos que estão presentes na vida comum. Apresentavam o modo de marcar triunfos e derrotas, ou atribuir o significado próprio das passagens da vida, tanto as grandes como as pequenas.

Acredito que hoje as pessoas inconscientemente experimentam um profundo senso de perda dos rituais genuínos em sua vida. Os jovens, por exemplo, tentam criar cerimônias que substituam a de passagem para a vida adulta ("trote" nos colégios e universidades, iniciação em sociedades fraternas por meio de severas humilhações, costumes próprios de um time esportivo, formação de gangues etc.). Esses derivativos, porém, não oferecem muita satisfação emocional ou espiritual, nem dão um profundo senso de pertencer à comunidade maior.

Os rituais envolvem nossa psique porque dão forma ao que não tem. Permitem que penetremos no grande mistério do Universo, ajudando-nos a dar um passo além da vida diária comum. Também nos ajudam a curar feridas profundas e a lidar com emoções que superam o controle da vontade, a fim de evitar extremas agressões e violências. É bem provável que nossas obsessões, compulsões e descontentamento extremado resultem da ausência de cerimônia e rito em nossa vida.

Ritualizar significa estabelecer um começo e um fim, e é um meio efetivo para a cura emocional. Uma jovem estuprada, ao descrever o ritual de purificação para encerrar a experiência, disse: "Os rituais são um modo maravilhoso de contornar algo, para começar e finalizar uma experiência".[3]

Outra função da cerimônia é formar um culto. Realizando atos sagrados em continuidade com tradições, você reconhece e honra o Criador de toda a vida. O culto ritual é um meio de passar da vida comum para a espiritual – um ponto de passagem entre o visível e o invisível.

Há muitas espécies de ritos, desde os milenares, celebrados por grandes massas, até os privados e espontâneos, como acender uma vela ou incenso, e permanecer quieto por alguns momentos. O que é comum a todas as formas é reservar tempo para compreender como a experiência pessoal se harmoniza com o contexto maior da vida. Tradições, cerimônias e rituais procuram colocar as experiências humanas em acordo com os ditames da natureza e com o grande contexto da vida – realizando a grande ligação, ou seja, a religação, núcleo central de toda religião.

---

3 *Reader's Digest*, fevereiro de 1988.

Reviva antigos rituais

Há muitos modos de descobrir rituais antigos e encontrar o significado de cerimônias e tradições esquecidas. Vá a uma biblioteca, converse com parentes idosos e outras pessoas para saber os tipos de rituais praticados quando eram jovens.

Depois da fase de descoberta, procure imaginar os meios para incorporá-los novamente a sua vida. Alguns deles podem tocá-lo, outros talvez não estejam de acordo com seus valores. Acolha o que faz sentido para você e deixe o resto de lado. Os ancestrais podiam sacrificar um cordeiro na primavera. Descubra o sentido por trás desse ato. Você pode, então, decidir que na primavera irá dar algo de valor para sua comunidade. O importante é compreender o seu significado e atualizá-lo de modo criativo.

Como decidir quais rituais herdados usar?

Muitas pessoas atualmente não provêm de uma só herança étnica, mas pertencem a vários grupos. Nesse caso, é interessante pesquisar as diversas correntes étnicas que compõem sua herança. Depois, você poderá escolher quais desses antigos rituais e tradições harmonizam melhor com sua vida. Por exemplo, Carmen possuía heranças irlandesa e mexicana, e sentia-se atraída pelas duas culturas, que expressavam diferentes aspectos de sua personalidade. Para sentir-se mais completa e realizada, decidiu usar cerimônias celtas para reverenciar os quatro elementos – ar, água, fogo, terra; ao mesmo tempo, também celebrava anualmente o dia mexicano dos mortos. Desse modo, honrava as raízes de sua dupla ascendência.

O que fazer no caso de não poder traçar a própria ancestralidade ou não se sentir ligado à própria herança?

Nem todas as pessoas experimentam um senso de ligação com as tradições de sua herança. Algumas nem sabem qual é sua ancestralidade, que não é apenas de sangue. Ela pode também estar em seu coração e se manifestar pelo seu interesse por cerimônias ou tradições de uma determinada cultura.

Examine um pouco a relação com suas próprias raízes e a cultura em que vive. Elas lhe dizem algo? Refletem suas necessidades, propensões e profundos anseios? Haveria outra cultura que faria isso melhor? Antes de adotar outras tradições, reflita sobre os motivos para fazer isso. Se for claro para seu coração e sua alma, então siga em frente.

Memórias inconscientes de sua herança

Muitas vezes, a herança age de forma inconsciente e subliminar sobre os desejos, as motivações e decisões pessoais. Um avô de Janet era da tribo hopi, mas ela cresceu em Nova York e desconhecia sua herança indígena. Casou-se aos 23 anos e teve um bebê algum tempo depois. Perguntavam-lhe qual nome dera ao seu filho, mas nenhum lhe ocorrera. Insistiam mais e Janet dizia, tão surpresa quanto os outros, que não achava certo dar o nome logo ao nascer. Trinta dias depois, ela convidou a família e os amigos para uma cerimônia em que espontaneamente daria o nome à criança.

Ao pesquisar sua herança hopi, Janet ficou surpresa ao saber que, na tradição dessa tribo, uma criança recém-nascida só recebia o nome vinte dias depois, quando era apresentada ao Sol. Embora não estivesse consciente desse ritual, ele estava presente em sua memória ancestral inconsciente e se manifestava por meio de seu desejo, aparentemente descabido.

Criar novos rituais e tradições

Todos nós temos capacidade inerente de criar e realizar cerimônias transformadoras e afirmativas. Não é preciso recorrer sempre a um mediador - sacerdote ou pastor - que faça a ponte entre as dimensões humanas e espirituais. Cada um tem dentro de si um lugar santo e sagrado, um sábio interior, e pode acessar sua sabedoria e sua intuição para criar seus próprios rituais.

Cerimônias valiosas são os ritos de passagem, que celebram o fim de uma fase e o início de uma nova. Eles demonstram o conhecimento de nossa jornada e honram a relação cósmica entre os seres humanos e o mundo natural, além de nos levar à experiência de nossa ligação com o ritmo do Universo.

Os ritos de passagem podem ser criados para os filhos na puberdade. Soube de um grupo de amigos que decidiu criá-los para que cada filho compreendesse o significado de ser adulto e qual seu novo papel na sociedade. O rito se realizava quando o menino tinha 13 anos, e a menina, quando menstruava.

Nesse rito, amigos e familiares do mesmo sexo se reúnem em uma noite especial, que continuará até o dia seguinte. A mãe preside a cerimônia da filha, e o pai, a do filho. Cada adulto faz uma pergunta preparada de antemão e dialoga com ele ou ela. As questões são do tipo: "Como vê seu futuro papel na sociedade?" e "Quais são seus valores e crenças principais?". No diálogo que se segue, os adultos mostram ao jovem o que significa ser adulto. Com freqüência, emoções profundas e sinceras são partilhadas. Depois disso, o jovem passa a noite a sós, na natureza.

Na manhã seguinte, espera-se que ofereça algum serviço ou benefício a todos, como assar pão. Então, os amigos e os familiares se reúnem para partilhar o alimento preparado. A refeição é seguida pela cerimônia de dar um nome: o jovem recebe seu nome espiritual, que pode ser o mesmo do nascimento, ou outro.

Depois dessa cerimônia, é realizada a adoção por um padrinho ou madrinha, um adulto que promete apoiá-lo na vida e agir como guardião nos tempos de dificuldade. Então, essa pessoa dá um presente ao afilhado. Em seguida, cada membro dá um presente significativo (objeto, canção, poema, pensamento), e isso tudo é registrado e dado ao jovem como lembrança para a vida. Concluídas essas etapas, há festa e celebração.

Esse é um exemplo de um grupo que cria uma nova tradição para responder às suas necessidades. Ao fazer isso, você deve mostrar claramente a intenção da cerimônia para todos os participantes. Planeje cada aspecto, de modo que os detalhes sejam compreensíveis para todos. Depois, não se importe se algo não correr *exatamente* como planejara. A energia por trás do desejo pode espontaneamente mudá-lo para outro melhor. O importante é ter bem clara a sua intenção nesse ritual. Desse modo, os detalhes se harmonizam e adquirem sentido no todo. Sem clareza de intenção, o ritual pode se esvaziar e ficar sem sentido.

Crie rituais para os diversos e importantes eventos da vida: nascimento de uma criança, aniversário, menstruação da filha, entrada na vida adulta, graduação, casamento, término de uma tarefa difícil, novo emprego, superação de um medo, divórcio, mudança para casa nova, separação ou volta de uma pessoa amada, recuperação de uma doença grave ou de um acidente, menopausa, falecimento de alguém muito querido etc.

Rituais para dias santos e estações

A cerimônia é uma estrutura dentro da qual nosso inconsciente pode marcar o começo e o encerramento. Nos tempos antigos, os dias santos e a passagem das estações eram comemorados. O Natal, muito antes de Cristo, era celebrado pela maioria das culturas como celebração de inverno ou ritual de solstício. Ligados à terra, os povos relacionavam o Sol e a luz com a vida e ofereciam presentes ao Criador, pedindo a sua volta. Era uma celebração sagrada, para honrar o grande ciclo da vida. As culturas ocidentais associaram esse ritual com o nascimento de Cristo, mas a sacralidade do evento foi perdida pelo comércio e consumismo.

Ao criar rituais, você pode incorporar cerimônias tradicionais ou confiar em sua intuição, criando novas. O importante é considerar a energia que cada uma salienta. O ritual de primavera, por exemplo, traz a idéia de novos inícios. Ao criar a celebração, use ovos como símbolos de novas coisas que irão nascer – assim como a tradição cristã dos ovos de Páscoa.

Cerimônias em honra dos ancestrais

Em muitas culturas, há dias reservados anualmente para celebrar os ancestrais, heróis históricos e culturais. Várias nações comemoram o Dia do Veterano ou Dia da Lembrança como tributo àqueles que serviram em guerras ou morreram em combates. Se houver pessoas como essas em sua família ou ancestralidade, criar um ritual para homenageá-las e recordar seus feitos pode levar a uma compreensão mais profunda de quem elas foram.

Uma das mais tocantes cerimônias de que participei foi numa comunidade judaica em Amsterdã, numa tarde fria, em uma construção ao ar livre. O local era uma propriedade rural para judeus holandeses antes de serem enviados para campos de concentração, durante a Segunda Guerra Mundial. (A Holanda teve a mais elevada percentagem de judeus por nação mortos durante o conflito.) Um sentimento solene e sagrado nos envolvia enquanto os nomes dos campos de concentração eram celebrados lenta e deliberadamente. Era um tempo para recordar aqueles que haviam falecido. Sentei-me entre duas pessoas que sobreviveram ao holocausto e que haviam perdido muitos familiares. Podia sentir o conforto e o orgulho que tinham por fazer parte de tão admirável linhagem.

Você também pode criar um ritual de preces pela paz para as gerações futuras. Eventos desse tipo são um modo de canalizar energia e forças vitais. Servem como ponto central para engrandecer suas intenções e dar forma à energia, que irá irradiar para o mundo.

Algumas culturas possuem cerimônias para celebrar os ancestrais e seus mortos. Isso expande nosso senso cultural de *continuum* e comemora a morte como uma das transições fundamentais na vida. Em alguns países latinos, existe o Dia de Finados, dedicado à celebração daqueles que faleceram. Nossa cultura tem uma interessante perspectiva sobre a morte: nós basicamente a negamos. Ela nos embaraça; os mortos quase sempre entram para uma espécie de classe dos intocáveis. Na maioria das culturas antigas, a morte era vista como um aspecto importante da vida e recebia um lugar nobre na sociedade. Quando a escola de minha filha decidiu explicar às crianças os diversos feriados no mundo, um dos celebrados foi o Dia de Finados. Infelizmente, a imprensa publicou o assunto de forma negativa, divulgando que as crianças estavam sendo expostas pela escola a um feriado "macabro"... – na realidade, uma lembrança compassiva.

Mitos e histórias

Ao lado dos rituais, os mitos são um dos mais importantes meios de comunicar os valores de uma cultura aos descendentes. Eles nos fornecem imagens e símbolos, que foram transmitidos pelas gerações e possuem um significado universal. Contam a história de heróis do passado, mostrando o caminho para que não tenhamos de nos aventurar sozinhos pelo desconhecido. Dão-nos o senso de que o labirinto do futuro já foi percorrido por outros viajantes. Oferecem-nos a esperança de que também podemos encontrar nosso rumo, porque a jornada se repete. Inteirar-se das histórias e dos mitos do passado ilumina o caminho para o amanhã e mais além. Joseph Campbell escreveu: "A principal função do saber mitológico foi... carregar... o indivíduo por meio dos limiares críticos da infância para a maturidade, e da velhice para a morte".[4]

Nas culturas antigas, a mitologia era um alicerce para a vida. Ela criava uma estrutura dentro da qual a emergência espontânea do espírito humano poderia ser formulada. Funcionava como ponto de transição entre o desconhecido e o conhecido, entre o mistério e a forma visível.

Os mitos não são exatamente histórias incomuns. Fazem parte de um vasto universo interior, criando uma estrutura que serve de medida para nossas experiências. Fornecem-nos uma âncora com a qual podemos garantir nossas vidas. Eles nos guiam em nosso caminho. A mitologia responde à profunda necessidade do espírito humano de se identificar com algo maior que ele mesmo - com o misterioso e o cósmico. Sem essa noção, nossas experiências podem parecer mundanas e insignificantes.

Uma sociedade depende da mitologia para fornecer um senso de coesão. Mitos culturais podem manter grupos unidos e propiciar uma visão comum. Parte do descontentamento e da confusão do mundo atual talvez esteja enraizada na falta de mitos importantes, porque eles serviriam para unificar nossas experiências e nos dar uma premissa que nos ajudasse a interpretar a realidade a nossa volta. Sem um sistema coerente de mitologia, as experiências podem parecer fragmentárias e sem sentido.

Mitos pessoais

Vale a pena examinar as lendas que estão por trás de nossas percepções da realidade. Os mitos pessoais são feitos, de um lado,

---

4 CAMPBELL, Joseph. *The Masks of God: Primitive Mythology*. Nova York, Penguin Books, 1976, pp. 60-61.

pela cultura e, de outro, pelas sagas vividas por nossas famílias e pelas histórias com as quais contamos nossas experiências. Cada pessoa é uma contadora de histórias, ainda que não reconheça isso. Reunimos as experiências de nossa vida e as amarramos juntas em uma história que faz sentido. Ao contar nossa vida, minimizamos algumas partes e elaboramos outras. Toda família tem histórias contadas e recontadas. Elas caracterizam sua identidade. Do mesmo modo, nossos mitos pessoais definem o que acreditamos e explicam quem nos tornamos. Além disso, contribuem para nosso caminho futuro.

Os mitos pessoais são uma estrutura psicológica que dá dignidade e compreensão a todas as circunstâncias da vida. Formam o contexto em que sua história é compreendida. Permitem uma interligação com nossa psique de modo a dar sentido até aos menores aspectos de nossa vida. Também são a maneira pela qual nossa alma se expressa, por meio de imagens, símbolos, sentimentos e intuições.

A exploração de nossos mitos pessoais nos leva à sabedoria mais profunda que reside em nós. Ela pode nos ajudar a tratar dos dilemas pessoais, da desordem emocional e dos padrões recorrentes pela revelação do contexto significativo em que esses problemas existem. Descobrir nossas histórias interiores pode nos propiciar um senso de compreensão, como antídoto para a falta de significado que infesta nosso tempo.

Quando você explora sua mitologia pessoal, entra em contato maior com suas origens individuais e coletivas. Sem saber quais crenças estão por trás de suas afirmações sobre a realidade, você é incapaz de mudá-las.

Os mitos pessoais dão coesão e significado à vida

Você pode pensar que sua personalidade é única, mas, de fato, ela é feita de múltiplos aspectos. Dentro de si mesmo, há uma multidão de qualidades pessoais. Por um tempo, você talvez exiba um atributo particular; no entanto, no seu interior, existem outros numerosos à sua espera. Você pode, por exemplo, ser mãe afetuosa, esposa, amante, criança e amiga, mas há repentes da prostituta, da vilã, da heroína, da deusa e da mulher selvagem que também espreitam no fundo de sua alma. Existe dentro de nós um espectro inteiro de possibilidades humanas. Os mitos podem nos ajudar a compreendê-las e unificá-las, e a estabilidade interior se instaura quando você aceita e encontra espaço para todas essas facetas em sua vida. Descobrir sua mitologia pessoal é um meio de incorporar as diversas partes de sua personalidade a um todo.

Seu mito pessoal pode provê-lo com uma estrutura para interpretar sua vida, uma espécie de lente pela qual você se observa. Isso não quer dizer que deva usar óculos cor-de-rosa e criar uma falsa imagem de si, mas, sim, desenvolver os significados de todas as suas experiências e juntá-los, formando uma visão coerente de toda a sua vida.

Essa visão única, pela qual é possível organizar suas percepções, experiências e ações, o ajuda a reconhecer que você é um extrato de uma longa linhagem. Consciente ou não, cada pessoa vive sua mitologia. Contudo, quando você se torna consciente de suas crenças e da influência que elas exercem sobre a sua pessoa, então consegue fazer as mudanças que lhe permitirão viver apaixonada e livremente. Estará consciente das suas opções e de suas significações. Desenvolver a mitologia pessoal o ajudará a unir suas circunstâncias externas com sua significação interna, criando assim um todo coeso, e isso, por sua vez, pode ter valor para seus descendentes.

Escreva seus mitos pessoais

Para compreender seus mitos pessoais, recue e observe sua vida dentro de seu contexto maior, descobrindo as forças que o motivaram até aqui e para onde seu caminho o conduz. Um excelente meio é escrever sua autobiografia, única e maravilhosa, e não é preciso ser escritor ou ter uma história especialmente dramática.

É útil organizar sua história de vida em torno de temas, e não de uma seqüência de eventos. Procure pensar em termos mitológicos: você é o herói de sua própria história. Que tipo? Relutante, tímido, muito imperfeito? Não importa. No folclore, o herói parte de sua vida comum para domínios místicos, nos quais encontra vilões e espíritos auxiliares. Há batalhas a vencer e forças das trevas a dominar. Quando retorna de sua viagem, traz consigo a sabedoria que aprendeu com sua experiência.

Quais forças das trevas você encontrou na vida? Quais foram os anjos e auxiliares espirituais que o guiaram em seu caminho? Quais dragões precisou eliminar? Quais vilões enfrentou? Você encontrou sábios em sua trajetória? Quais batalhas venceu? Quais perdeu? Quais forças do mal o desviaram de seu caminho? Quais foram seus grandes triunfos? O que aprendeu com suas experiências? Qual sabedoria alcançou? O que proporcionou aos outros? Quais são os eventos marcantes de sua história? Quando sua infância terminou? O que marcou sua entrada para a fase adulta? Quais foram as pessoas-chave em seu caminho? Se a sua vida tivesse uma moral da história, qual seria?

Escrever sua autobiografia permitirá ver sua vida em perspectiva e será um ótimo legado para seus descendentes. Não é preciso falar sobre sua vida inteira. Escolha as situações e os eventos mais significativos. Seu mito pode ser curto e agradável, como uma história infantil. Ao escrever, note o que mais enfatiza, o que deixa de lado e por quê.

Há diversos modos de escrever sua história. Você pode optar por uma forma mítica, com heróis e vilões, deuses e deusas, que ilustram os diferentes aspectos de sua vida. Também pode escrever curtas vinhetas; usar capítulos para delinear diferentes épocas, ou escolher um tema particular, escrevendo sobre incidentes que o ilustram.

O passado é tão maleável quanto o futuro e se desenvolve continuamente. Seus mitos e histórias mudam como você. Sua autobiografia oferece uma estrutura para compreender de onde veio e como se tornou o que é. O fato de escrevê-la talvez mude seu ponto de vista sobre eventos e pessoas. Você poderá descobrir a explicação para algo que ocorreu e que não foi entendido na época. Vistos dentro de um contexto, muitos fatos revelam outros significados.

Ao terminar sua história, examine se há um aspecto particular em seu mito. Por exemplo, o que sobressai é um tema de melancolia, de raiva ou de suavidade? Você quer esse aspecto ou gostaria de escolher outro? Prefere continuar as linhas de sua saga particular ou reescrever sua história usando outra perspectiva? O modo como vê seu passado faz diferença para seu futuro.

Ao escrever sua história, você se torna consciente de como ela converge e diverge dos mitos mais amplos de sua cultura. Ninguém é uma ilha. Somos todos co-criadores da vida em nosso planeta e, observando com clareza nossa história pessoal, ajudamos a criar o mito cultural mais amplo, de modo mais coeso e positivo.

Crie uma história-legado

É útil escrever sua autobiografia apenas para si mesmo, expressando honestamente suas emoções. Estará livre para demonstrar o que deseja, sem ferir os sentimentos de outros. No entanto, ao terminar o processo, você pode querer editar alguma parte ou a história inteira, ou até criar uma nova para partilhar com seus descendentes. Eu chamaria isso de "história-legado".

Ao escrever para outros, é importante considerar dois aspectos: sua intenção ao registrar sua vida e os prováveis sentimentos de quem vai ler. Em uma história-legado, é preciso tomar decisões, pois há vários modos de apresentá-la. Você quer contar uma história que represente seu bom caráter e tudo aquilo que realizou durante a vida? Ou deseja ser francamente honesto, revelando todos os aspectos de sua trajetória, tanto os bons como os ruins? Tenha clareza de sua intenção.

Uma história-legado cheia de coragem e triunfo produz um maravilhoso sentimento: você se sente bem, e seus descendentes terão orgulho de ter um ancestral assim. A grande vantagem é contar uma história que deseja que sobreviva. O que esperamos tende a se realizar. Quando os outros pensam o melhor de nós, procuramos manifestar o nosso melhor. Sua história poderá ser para os outros um exemplo inspirador.

Outro modo de escrever sua história-legado é revelar tudo. Talvez ela seja desconfortável para os outros, mas há grande valor em admitir os aspectos opostos – bons e maus – de sua vida. Escrever sobre seus erros e segredos da família, conhecidos por todos, mas que nunca são mencionados, pode ter efeito de cura para você e oferecer compreensão para os que o seguem. Por exemplo: saber que uma de suas tias era melancólica porque o marido a dominava emocionalmente teria despertado nos parentes um relacionamento mais compassivo e afetuoso com ela.

Você também pode escolher um caminho médio. Com discernimento, optar por revelar alguns segredos, talvez dolorosos, mas que podem produzir frutos positivos – e, ao mesmo tempo, omitir outros aspectos de sua vida. Uma história-legado visa a transmitir informações valiosas e construtivas. Não deve servir para simplesmente propagar "fofocas", fundadas ou não. Vale o critério: o que isso trará de bom e construtivo para as futuras gerações?

Em seguida, apresento alguns trechos de minha história-legado como exemplo. (Versões mais longas estão em meus livros *If I Can Forgive, So You Can* e *The Soul Loves the Truth.*)

Introdução

Quando nasci, eu era esquelética e feia. Meu pai não acreditava que um bebê pudesse parecer tão feio. Cresci como erva em um lugar pequeno e fragmentário, pondo as raízes onde conseguia. Mudamos nove vezes, de modo que minhas raízes eram arrancadas e tinham de brotar novamente. Parece que nunca tínhamos dinheiro suficiente, e estávamos sempre de mudança.

Aprendi como lutar. Meus joelhos e cotovelos sempre tinham feridas. Eu era a mais velha de quatro filhos e coube-me ser a defensora de meus irmãos, sempre que eram atingidos por serem as crianças novas na cidade.

Capítulo 1: Chicago, lado sul

As paredes do apartamento coletivo em que vivíamos eram finas. O frio do inverno as penetrava. O calor do verão sufocava, e o som do trem do centro decadente as abalava. Não vivemos em um setor seguro de Chicago, e mais de uma vez usei meus punhos para proteger meus irmãos.

Eu gostava da quinta-feira; era o dia em que o homem da sucata passava pelos arredores com seu cavalo e carroça. Era uma gloriosa aventura espiar por entre os arbustos os refugos, procurando tesouros jogados para vendê-los. Muitos objetos valiam um níquel ou centavo, que usávamos para comprar alcaçuz na loja de doces. Uma caneca de cerveja em bom estado chegava a valer um níquel. Certa vez, encontrei um quebra-luz e ganhei 35 centavos.

(...)

Capítulo 4: Los Angeles

O sol da Califórnia era formidável. Meus avós gostavam de mim. E minha capacidade para defender crianças não era um dever. Muitas meninas de minha nova escola afiavam seus prendedores de cabelo e os espetavam em seu penteado, prontas para usá-los como canivete em caso de ataque. Jamais usei meu prendedor como arma, mas ele me dava um senso de segurança; embora devesse parecer ridículo ter um prendedor em minha cabeça o tempo todo.

Gramma era astróloga e um tanto mística. Estava convicta de que eu tinha "poderes". Meu pai a proibiu severamente de me falar sobre tais assuntos, porque ele era um "homem de ciência". Mas, periodicamente, ela me visitava e sussurrava, como se meu pai pudesse ouvir, até quando ele estava a milhares de quilômetros longe, falando sobre o campo espiritual.

Decida o que deseja incluir em sua história-legado

Quando eu pensei no que desejaria incluir na história-legado que deixaria para minha filha, decidi revelar tanto os altos como os baixos de minha vida. Embora parte de mim quisesse lhe deixar um registro grande e maravilhoso, optei por lhe dizer tudo, não só meus triunfos. Essa história conta meu sofrimento e minha alegria.

Senti que devia a mim e a meus descendentes apresentar um legado honesto, mas cheio de compaixão, humor e amor. Gostei de ser agradável e, em vez de ferir ou censurar alguém sem necessidade, procurei contar minha história de modo a promover compreensão das forças maiores em jogo e do valor que ganhei até das piores situações.

Decidir como apresentar sua história nem sempre é fácil. Isso pode ser um processo tão demorado quanto de fato escrevê-la. A decisão não é simples, mas sua história é importante, e o modo como registrá-la oferecerá estímulo para seus descendentes.

Pode parecer demasiadamente aterrador construir um mito de sua vida inteira. Escolha um aspecto dela. Minha amiga Rebecca escreveu-me uma carta, contando-me a respeito de uma mudança em sua relação com Kathy, que também é minha amiga. Ela usou uma forma mítica para falar sobre isso. Sua carta é comovente e convincente. A seguir, alguns trechos dessa carta:

> *Há muito tempo, antes que houvesse tempo, duas almas, declarando amor mútuo, decidiram se encontrar sempre e sempre, tempo afora. Encontraram-se pelos séculos, renovando juras de amor, em diferentes vestes e diferentes corpos.*
>
> *No final do século XX, as duas mais uma vez estavam inseparavelmente unidas, como jovens de diferentes terras. Reconheceram-se mutuamente e souberam no mais fundo de si mesmas que estavam destinadas a se reunirem. Viveram juntas nas suaves águas de uma terra nascida do fogo. Inspiradas pelos seus encontros com outras almas antigas, essas duas nobres jovens foram pioneiras de um projeto, algo para si mesmas e para os outros...*
>
> *No entanto, com o passar do tempo, as jovens perceberam que algo estava mudando... Contudo, apesar dos medos, das feridas e das incertezas da mudança, elas também compreenderam que seu amor podia continuar forte e profundo.*
>
> *Cada dia se tornou mais fácil; parecia que todo o universo da terra e das estrelas apoiava sua disponibilidade e coragem para mudar. O futuro não se mostrou totalmente claro, mas as jovens desenvolveram uma confiança na sabedoria do Criador que as sustentava. De modo que, agora, à medida que o futuro se desdobra, caminham, dia por dia, noite por noite, estação*

por estação, com suas vidas ainda juntas, embora separadas... cumprindo suas antigas juras mais uma vez.

Sua história-legado pode mudar

Sua história mítica pode se transformar, pois não está fixa no firmamento. Costumamos observar o mundo de um modo. Acreditamos que os objetos existem ou não. Acreditamos que o mundo é feito de formas sólidas e separadas. A mecânica quântica declara que não é assim; as coisas não são sempre como parecem. Sua vida pode mudar, e sua visão do passado também. Reveja periodicamente sua história-legado, e substitua ou reescreva o que for necessário.

Esforçar-se para seguir mitos pessoais que não estão em sincronia com você seria o mesmo que calçar um sapato que não seja do seu número. Talvez se sinta constrangido e contido. A mitologia pode ser uma ponte entre significado e experiência e, caso seus mitos pessoais não sejam adequados, sua vida parecerá sem sentido, porque você não é capaz de atravessar a ponte para o significado mais profundo, subjacente a todas as coisas.

Precisamos nos libertar das algemas de sagas antigas e superadas que limitam nosso pleno potencial. É essencial ir até os domínios íntimos do sagrado e considerar uma vasta série de mitos novos – alguns anteriormente inimagináveis. É tempo de reconhecer e de realinhar histórias aderentes tanto à nossa quanto aos nossos mitos culturais. Nossa mitologia atinge a fonte de nossa psique e indica o caminho para o futuro. Estamos entrando em um tempo em que nos tornamos menos capazes de revezar as características de nossos antepassados, e precisamos criar mitos e histórias que possam nos impulsionar para um futuro diferente de qualquer coisa antes jamais vista.

Novos mitos e histórias para seu futuro

Não há tempo melhor que o de hoje para criar novas histórias e mitos para nós mesmos, nossa família e nossos descendentes. Eles, de fato, alimentam a alma e são essenciais para o bem-estar psicológico das gerações que nos seguirão. Muitas histórias antigas, contadas em torno da fogueira tribal e transmitidas por meio das gerações, morreram. É um ato de força e de esperança reviver essa tradição e, inclusive, criar novas, que possam ser passadas adiante. As novas histórias podem ocorrer de diversos modos: espontaneamente, quando contamos histórias para ninar nossos filhos, ou nas férias, quando nos sentamos em torno da fogueira do acampamento. Por que não desligar o televisor de vez em quando, para saborear um lanche no clima de uma boa história?

Novas cerimônias, rituais e tradições para os anos futuros

Se você usar seu tempo para planejar agora o início de uma nova era, irá ter energia para construí-la. Comece a planejar para os anos seguintes, perguntando a si mesmo: *onde estarei no futuro? O que o presente representa para mim? Quais cerimônias eu posso criar para marcar minha entrada no futuro? Que pessoas eu desejo que estejam comigo?*

A maioria das pessoas acredita em suas dúvidas, mas não em suas crenças. Não duvide das crenças que o fortalecem. As novas tradições e rituais que criamos antecipadamente podem ser tramados a partir de suas maiores esperanças para o futuro. Elas podem ajudar a sanar os medos mais profundos. Levantam nosso olhar para o que de melhor podemos ser, mas nos advertem a não nos tornarmos o pior que possamos imaginar, enquanto damos passos com firmeza e glória para um novo início planetário.

6

Portal para o futuro

Despertar espiritual ou apocalipse? A escolha é sua

Estamos no advento do tempo mais empolgante na história de nosso planeta. Podemos moldar o destino do mundo por meio de nossas ações, pensamentos e expectativas. O potencial para mudanças significativas jamais foi tão grande, e a conseqüente responsabilidade pode ser sentida como esmagadora. Os desafios a enfrentar são reais. Os problemas que ameaçam o bem-estar de nossa espécie e o planeta inteiro são grandes e imediatos. Os novos meios de comunicação diariamente nos apresentam informações alarmantes e verdadeiras.

Poluição, guerras, ataques terroristas, aquecimento global, falta de petróleo, gripes pandêmicas, dizimação do solo e dos animais... Somos constantemente confrontados com a evidência de crises em curso ou iminentes. Nossos temores são totalmente compreensíveis. Contudo, raramente os esforços que estão sendo feitos para reverter essa onda de desespero são lembrados. Os meios de comunicação dificilmente mencionam os grandes e pequenos avanços. É importante prestigiá-los, porque encorajam a fé e a esperança no futuro, *e nossas crenças serão uma poderosa força para determinar se nos moveremos para um amanhã brilhante ou mergulharemos em uma devastação global.*

É fácil deslizar para o medo, a apatia e a inação. Tais atitudes, porém, embora compreensíveis, são um luxo ao qual não podemos mais nos permitir. O que é esperado tende a se realizar, e nossa expectativa sobre o futuro pode se tornar uma profecia que se auto-realiza. Você espera mudanças terrestres monumentais, como terremotos e tempestades torrenciais, ao entrarmos no próximo século? Quais são suas expectativas e crenças pessoais sobre o futuro? Você acredita em um cataclismo inevitável? Prevê que seus descendentes continuarão, geração após geração, a aprender, a amar e a criar um mundo melhor para aqueles que os seguirão? Devemos enfrentar nossos próprios temores e rastrear suas raízes, a fim de alterá-los para uma direção mais positiva.

A atração por um cataclismo

Se você acreditar que o futuro será negro, e que mudanças difíceis são iminentes, não estará sozinho. A idéia de que um apocalipse está prestes a acontecer ganha popularidade em grupos tão divergentes como sobreviventes direitistas, cristãos renascidos, aderentes da Nova Era e ecologistas radicais. Existe certa atração horrenda em relação à idéia de um grande desastre, e há numerosos motivos para que isso ganhe popularidade. Se você acredita nessa possibilidade, é muito interessante examinar suas motivações interiores para pensar desse modo.

Para muitos, acreditar em um desastre iminente permite-lhes sentir que fazem parte de algo maior que a vida comum. A maioria de nós tem um profundo e insaciável desejo pelo mistério e pelo terror. Ansiamos por experiências transcendentais ou extremadas, em que nos tornamos parte da majestade do Universo. A maioria de nossas vidas, no entanto, é reduzida a pagar impostos, a passar o tempo trabalhando e a uma infinidade de compromissos diários. Acreditar que somos parte de um tempo mágico e terrível, em que o destino da humanidade está em jogo, nos fornece um senso de estímulo e de propósito que muitas de nossas religiões atuais e de sistemas filosóficos não inflamam. Crer que há algo especial em relação ao nosso tempo e lugar no Universo nos proporciona a sensação de estarmos vivos. Ainda que as imagens de desastre sejam muito negativas, para algumas pessoas esse tempo ainda lhes fornece um contexto mais amplo e um significado mais profundo para seus medos.

Aqueles que têm fascínio por desastres iminentes alimentam a crença de que sobreviverão, embora muitos outros pereçam. Por exemplo, há pessoas que se mudaram de belas residências em Sidney, na Austrália, porque acreditam que uma gigantesca onda está prestes a extinguir a cidade. Muitas pessoas trocaram a Califórnia pelo Oregon por causa de predições de que a primeira será inundada pelo mar. Também conheço alguns indivíduos que estocam alimentos e armas, pois acreditam que, quando as mudanças terrestres acontecerem, haverá um caos mundial e eles terão como sobreviver.

Embora tais crenças possam ter sua fonte em algo estimulante e maior que a vida, elas são perigosas, porque apóiam a idéia de que alguém deve trabalhar para garantir a sobrevivência dos amigos e da família, até em detrimento de quaisquer outros. Embora o antigo instinto tribal de apoiar a vida de alguém do próprio grupo e rechaçar outros seja uma relíquia de nosso passado, é essencial resistir a essa força para a criação de um mundo mais tolerante. Para que a humanidade caminhe para um futuro pacífico nos anos seguintes, precisamos trabalhar para mudar essas tendências em nós mesmos e em nossa cultura.

Talvez o fascínio por um cataclismo mundial se enraíze no domínio do mito. Por causa de nossa natureza fatalista e do enorme impacto da comunicação de massa, somos constantemente bombardeados por informações sobre o potencial para grandes desastres mundiais, e isso gera um medo coletivo e inconsciente em relação aos perigos de nosso tempo. Os mitos dão forma ao que não tem. Eles nos fornecem um meio para interpretar coisas que são demasiadamente grandes ou esmagadoras para serem pensadas em termos comuns. A fim de dar forma a nossos medos, talvez tenhamos criado coletivamente uma lenda do fim do mundo.

Para nos salvar de um possível desastre, procuramos um cavaleiro de armadura brilhante sob algum disfarce. Essa possível solução, abraçada pelos cristãos, é a segunda vinda de Cristo. Para alguns da Nova Era, o cavaleiro salvador pode ser uma evolução interior para o despertar espiritual que ocorreria em 2012, conforme predição dos antigos maias.

O mito do Armagedom está mais ligado ao medo de uma ameaça particular do que ao receio de um futuro indefinido e incerto. Isso ajuda a substituir a ansiedade coletiva sobre nosso futuro por uma certeza de que podemos pessoalmente agir para nos prevenirmos de possíveis desastres. O mito nos capacita para sermos o melhor que somos e dá forma a nossos temores.

Outro motivo é o desejo inerente à psique humana de respeitar os inícios e os términos. Comemoramos o Dia de Ano Novo, porque ele simbolicamente representa um fim e uma nova etapa. Celebramos nossos aniversários de 30, 40 e 50 anos, e daí por diante, porque cada um deles marca a conclusão de uma década e o início da próxima. Estamos eternamente lutando por novos começos.

Na busca de significado, muitos de nossos ancestrais adotavam rituais que celebravam os começos e os términos, considerados tempo sagrado. Como muitos deles foram perdidos, talvez como espécie ansiemos por um senso de conclusão e um desejo de celebrar novos inícios. Talvez a idéia de grandes desastres, seguida por um novo início para a Terra, preencha essa necessidade coletiva.

Os novos inícios também podem ser símbolos da morte do pecado e do renascimento da inocência. Nas tradições de muitas religiões, por meio da penitência, podemos começar novamente. Confessamos nossos pecados e somos purificados. Como os seres humanos têm a tendência de projetar sobre o mundo as questões individuais mais profundas da alma, a crença em uma renovação cataclísmica pode preencher a necessidade de nossa psique inconsciente coletiva de lavar pecados e de pôr fim ao desrespeito pela Terra.

A atração pelos términos e novos inícios acompanhou o fim de cada século. É como se o ano, magicamente revertido a zero, marcasse uma virada na vida. No decorrer da história, muitas predições do fim do mundo foram baseadas em torno da virada de um século. Talvez essas previsões refletissem nosso desejo de realizar uma nova fase, que a mudança de século representa. Todavia, embora profetas e adivinhos declarassem o fim da Terra nessa passagem, o mundo sempre conseguiu garantir sua sobrevivência.

Predições psíquicas em relação ao futuro

Sempre houve previsões de cataclismos mundiais, mas nenhuma delas se realizou. Na virada do primeiro milênio, no ano 999, a sociedade européia estava cheia de predições de desastres. Pensava-se que seria o fim do mundo. A vida, felizmente, continuou. Algumas religiões foram baseadas na idéia de que o mundo terminaria em uma data específica – elas chegaram e se foram, e nada aconteceu.

Ao pesquisar para este livro, fiquei curiosa sobre a precisão das previsões paranormais sobre transformações planetárias. Revendo numerosas predições feitas nos últimos quarenta anos, não encontrei nenhuma consistentemente exata. Por exemplo, em 1970, um famoso paranormal de Nova York previu que haveria um tremendo terremoto em 1974 ou 1975. Ele declarou que essa catástrofe devastaria um terço do mundo, incluindo os Estados Unidos, e que disso resultaria fome mundial.

A natureza imprecisa dessa predição não é incomum. Previsões como as de que a costa leste e/ou oeste dos Estados Unidos ficariam submersas pela água, ou que haveria ondas gigantescas de trezentos metros, deslocamentos polares e fome mundial se provaram falsas. Até os desastres naturais previstos pelo British Premonitions

Bureau, aberto em janeiro de 1967, e o Central Premonitions Registry em Nova York, aberto em 1968 - mostraram-se imprecisos. Não há motivo para crer que as predições feitas hoje serão mais confiáveis que as do passado.

Um problema comum à maioria das predições paranormais é que elas são acuradas apenas em uma visão retrospectiva. Até a notável precisão das previsões de Nostradamus se provaram verdadeiras apenas desse modo. Quando pesquisei diversas interpretações individuais dos quartetos de Nostradamus, eles eram fantasticamente disparatados e imprecisos em suas previsões. Todavia, foi apenas retrospectivamente que os atuais videntes conseguiram detalhar com sucesso essas predições sobre eventos mundiais passados.

Afortunadamente, encontrei diversos paranormais notáveis em minhas viagens e, no entanto, jamais conheci alguém que fosse cem por cento preciso. Cada época tem profetas e videntes do futuro. Até as pessoas comuns podem ter percepções paranormais, premonições ou sonhos que se provam corretos. Embora retrospectivamente haja muitas predições verdadeiras, é difícil e por vezes impossível saber exatamente quais de fato se realizarão.

Predições científicas em relação ao futuro

As predições dos cientistas não são mais notáveis que as dos paranormais. A ciência pode de fato indicar acuradamente tendências e probabilidades, mas é impossível para um cientista prever com exatidão alguns eventos. Por exemplo, no século XIX, Thomas Malthus, notável economista político, fez uma previsão do colapso mundial, baseado na superpopulação que ocorrera no século XVIII. Sua opinião foi amplamente aceita na época. Ele lançou a hipótese de que a população mundial iria ultrapassar sua capacidade de produzir alimento, o que provocaria um caos mundial. Estava certo em sua afirmação de que a população mundial cresceria exponencialmente;

no entanto, ele não imaginou o concorrente avanço na tecnologia da agricultura. A predição de Malthus era precisa diante da informação que tinha na época. Contudo, é freqüentemente difícil fazer previsões precisas por causa das circunstâncias imprevistas do futuro.

Os cientistas fizeram muitas vezes predições a respeito de um colapso ecológico que não foram precisas. Isso não significa necessariamente que as atuais previsões não se verifiquem verdadeiras. Significa, sim, que há variáveis em qualquer predição científica. *Isso é uma base para a esperança!*

Esperança científica para o futuro

O potencial real para desastres ambientais em nosso planeta é muito usado para justificar crenças em um iminente apocalipse. Todavia, apesar dos desafios ambientais, a esperança desponta no horizonte. Tem havido uma enorme mudança na consciência mundial nos últimos 25 anos em relação à necessidade de buscar soluções para as ameaças à nossa integridade ecológica e, como resultado, novas saídas são encontradas para problemas que pareciam insolúveis.

A questão em torno do fluorcarbono é um exemplo. O fluorcarbono, liberados por unidades de refrigeração e tubos de aerosol, destrói a camada de ozônio, a parte de nossa atmosfera que nos protege de radiações nocivas. Há não muito tempo, os cientistas advertiram que, se essa destruição não fosse detida, aconteceriam catástrofes irreversíveis em escala global. Não só ficaríamos expostos ao câncer, mas também muitas plantas e animais que não toleram radiação iriam morrer, provocando assim uma devastadora reação em cadeia no campo da agricultura.

Como resultado de um consenso, representantes de várias nações se reuniram em 1987 para assinar o Protocolo de Montreal, que proíbe legalmente a produção mundial de fluorcarbono. Foi a primeira vez na história que um acordo global era feito, mudando o comportamento mundial em tão curto prazo. A tecnologia de substituição do fluorcarbono já está sendo desenvolvida desde essa data. Serão necessários de cinqüenta a cem anos para a camada de ozônio voltar ao normal, mas a fase de recuperação já começou.

Outro problema desafiador é o aquecimento global, mais difícil que o da camada de ozônio, porque parece não haver uma solução prática. No entanto, assim como o conhecimento científico continua a se expandir exponencialmente em outras áreas, da mesma forma há significativa evidência de que as soluções podem e poderão ser encontradas para os problemas ambientais.

O que podemos fazer para ajudar nesse processo é nos educarmos sobre os problemas (e não simplesmente ignorá-los, esperando que desapareçam), e fazer as opções que possam contribuir para promover soluções, como mudar nossos hábitos de compra, doar dinheiro para pesquisas ou entrar em contato com legisladores. Nenhuma ação é pequena demais para fazer diferença e, como no caso do fluorcarbono, o impasse que hoje enfrentamos pode ser resolvido em nosso tempo de vida. Ter esperança e trabalhar juntos em torno dessas metas é um poderoso meio para torná-las realidade.

Como a população mundial continua a crescer, é cada vez mais imperativo encontrar meios de produção sustentáveis, que não coloquem em risco nossos recursos naturais. Tal raio de esperança em relação à ecologia do futuro foi representado pela Conferência de Cúpula no Rio de Janeiro, em 1992. Apesar das críticas pelas fracas resoluções e ausência de ações concretas, a conferência foi um evento histórico que provocou a atenção mundial para as questões ambientais. Foi encorajador ver cientistas, políticos, humanitários e visionários do mundo inteiro reunirem forças para ajudar o meio ambiente. O tema continuou depois na Conferência Mundial em Joanesburgo, em 2002.

Crie o futuro

Paranormais e cientistas têm dificuldade de predizer o futuro, mas sabemos que estamos entrando em um dos mais desafiadores séculos da história humana, e isso exigirá visão global e meta unificada para encontrar soluções comuns. Em vez de *prever* o futuro, devemos nos concentrar em *inventá-lo*. Podemos não conhecer as respostas para os grandes desafios, mas é essencial abandonar o pessimismo e o substitui-lo por inteligência e fé, fazendo todo o possível para tornar viável o amanhã. Se houver um cataclismo, não poderemos controlá-lo. O que devemos controlar é o que fazemos e pensamos, pois isso afeta as pessoas que nos cercam e as gerações futuras.

Precisamos dizer coletivamente: "Sim, nós nos preocupamos com a Terra e queremos que ela sobreviva". Isso requer visão global, de um modo que jamais tivemos antes. Em vez de nos afligirmos com terríveis predições, precisamos pensar no futuro daqui a duzentos ou dois mil anos. Podemos aprender com a lei das gerações: considere as conseqüências que cada decisão sua terá para as próximas sete gerações.

Somos seres humanos imperfeitos, mas continuamos a ser uma forma de vida preciosa e única no Universo. Talvez sejamos egocêntricos por esperar sobreviver no terceiro milênio e no seguinte, considerando que 99 por cento de toda a vida que existiu em nosso planeta já foi extinta. Mas eu gostaria de pensar que nossas ações de hoje enviam uma energia que terá influência milhares de anos futuro adentro. Isso não é inconcebível. Olhemos a influência que um só homem com amor a Deus teve em nosso planeta há dois mil anos. Coletivamente, podemos fazer diferença.

Ajude a ecologia do planeta

Para contribuir com a ecologia do futuro, o primeiro passo é educar a si mesmo, seus amigos e sua família sobre o meio ambiente. Descubra informações sobre aquecimento global, camada de ozônio, gripe aviária, desflorestamento, superpopulação e extinção de espécies. Projetar um futuro positivo não é negar a realidade do mundo ou ser ingênuo, ignorando as grandes dificuldades que o planeta enfrenta. A poluição industrial mundial afeta a terra, o ar e o mar; e isso é um fato. O "efeito estufa" é real.

O mar está tão poluído que até os peixes de águas profundas mostram sinais de contaminação. Focas, golfinhos e todo o topo da cadeia alimentar desenvolveram mutações causadas por poluentes. Os agrotóxicos usados pelos agricultores estão contaminando rios, reservatórios e até a água potável.

A qualidade do ar foi afetada mundialmente em tal extensão que até em vastas áreas desérticas as rãs estão morrendo porque sua pele fina as expõe aos poluentes aéreos. A chuva ácida e o desflorestamento se tornaram corriqueiros. É importante pesquisar a situação do planeta, as condições do meio ambiente. Educar a si mesmo e aos outros pode ajudá-lo a entrar em ação e contribuir para soluções no futuro. Arme-se de conhecimento e não de medo.

Uma alternativa ao medo é não olhar para o fim do planeta, e sim para o fim do modo como o conhecemos agora. Dessa maneira, poderemos criar um mundo melhor, mais agradável e belo. Mantenha essa visão. Torne-a ardente, vibrante e real em sua mente. *Quando você resiste ao crescente medo e resultante apatia, está empreendendo um poderoso ato.*

Basta que uma só pessoa opte por resistir e escolha a esperança contra o desespero, para que uma pequena, mas poderosa mudança, seja feita na corrente do inconsciente coletivo. Essa opção age como ímã, e outras, que estavam indecisas ou talvez titubeando, são encorajadas e fortalecidas. Isso pode resultar em uma grandiosa onda, que se estende muito além do que a primeira pessoa imaginava. Quando você decide acreditar em um futuro luminoso, em vez de dar ouvidos a predições de escuridão e ruínas, estará co-criando essa realidade para todos nós.

Tome posição!

A todo instante, esteja pronto para contradizer as noções dominantes de que tempos de treva nos esperam. Como essa crença já se espalhou, os comentários sobre o dia do Juízo Final penetraram nossa linguagem e pensamento. Quando você ouvir as pessoas falando como se a vida não fosse mais muito além, proteste! Seja ponderado, mas mostre a elas que não sente isso. Outros esperam essa sua atitude. Também querem escolher a esperança, mas têm medo de parecerem tolos e ingênuos. Quando você reage, essas pessoas deixam o medo para trás e se sentem esperançosos, de modo que logo também estarão protestando.

Poucas pessoas, que falem com sinceridade, inspiram outras que, por sua vez, passarão a mensagem para aqueles que conhecem. A progressão é fenomenal. Uma pessoa faz diferença! Muitos dos grandes movimentos da história nem sempre aconteceram do modo como são relatados nos livros, nos quais apenas as ações de reis e guerreiros e as datas de grandes batalhas são registradas. Freqüentemente, o impulso que produziu esses conflitos e moveu esses reis à ação teve seu ponto de partida em pequenas aldeias da região, em que os vizinhos discutiam seus problemas e como os resolveriam.

A mudança muitas vezes parte das pessoas comuns, e estimulam outras esferas da hierarquia social. O que torna grande esses movimentos é o fato de terem o apoio de um imenso número de pessoas. O que pode começar como leve ondulação ganha força até se tornar uma grande maré, capaz de mover montanhas! Você pode ser a pequena ondulação que dá a partida. O que pensa, o que espera, as pequenas ações que hoje realiza... fazem diferença. *Jamais desacredite sua habilidade de realizar grandes e duradouras mudanças.* Você talvez não conheça a plena extensão de suas ações, mas pode estar certo de que deu o melhor de si, de que ouviu seu coração e teve fé e coragem para realizar o que ele lhe dizia para fazer.

"Quando as aranhas tecem juntas, podem amarrar um leão."
(provérbio etiópico)

Trabalhe por causas em que acredita

Muitos direitos e vantagens da vida atual são, na verdade, parte do legado espiritual transmitido pelos esforços de nossos ancestrais que trabalharam por causas *em que acreditaram*. O voto feminino, os avanços no campo do direito civil e no do trabalho infantil, a jornada de oito horas – são resultado direto de nossos ancestrais, que lutaram para tornar o mundo um lugar melhor para nós. O senso de gratidão por aquilo que recebemos tende a aumentar nossa fé naquilo que nós também podemos realizar, e aumenta nossa própria habilidade de deixar um mundo melhor para aqueles que nos seguirão.

Pequenos passos fazem diferença

Um dos maiores bloqueios é sentir que nada que possamos pessoalmente realizar será o bastante para fazer diferença. Estamos sempre muito ocupados em pagar contas, sustentar a família e atender às demandas do emprego. Parece que não temos tempo para nos devotarmos inteiramente a uma causa. Diante das exigências concretas e imediatas da vida, sentimo-nos por vezes culpados por não fazer mais. Isso traz um sentimento de impotência, que freqüentemente nos leva a não fazer nada.

Um dos melhores meios para superar essa apatia é dar passos pequenos e positivos. Faça o que você pode com o que tem e onde está. Contribua com uma pequena soma por uma causa, dê apenas uma hora de trabalho para uma organização em que acredita ou coloque o lixo da rua no lugar apropriado. Você não está sozinho. Não precisa dar grandes passos; as pequenas ações podem ter excelentes resultados. Ao mesmo tempo, pequenas opções éticas, que nos parecem inconseqüentes, podem ter muita relação com grandes escolhas, que estariam além de nosso controle. Cada pequena escolha faz diferença, e a falta dela também faz diferença.

Siga seu coração. Encontre causas que o apaixonem. Envolva-se nelas quanto puder, e expulse a culpa! Sentir culpa apenas o desencoraja e o leva a fazer menos. Agradeça a si mesmo por qualquer coisa que seja capaz de fazer. Você *está fazendo* diferença. Todo mundo se lembra do papel de Gandhi na libertação da Índia em relação ao governo britânico; todavia, sem as centenas e centenas de indivíduos que o apoiaram com seus atos pequenos e individuais, a liberdade da Índia jamais teria se tornado realidade.

Ninguém pode fazer tudo

Ninguém dá conta de fazer tudo. Descubra o que o deixa realizado, de bem com a vida, e faça o que puder nessa área. Se viver em uma cidade onde há reciclagem de papel, dedique uma parte mínima do tempo para enviar para a fábrica o material que conseguir juntar. No entanto, veja o significado disso. Pense em tudo o que esse papel reciclado irá se tornar. Mais ainda: imagine a quantidade de árvores vivas que você poupará da devastação. Sua pequena ação contribuirá para preservar florestas, manter a respiração do planeta e tornar o mundo melhor para os que virão depois de nós.

Quando deixa o carro na garagem e toma um ônibus ou metrô, você *está* fazendo diferença. Aproveite para ler um livro ou observar as pessoas. Se escolher vegetais orgânicos, ajudará a purificar a terra de agrotóxicos e incentivará mais agricultores a seguir esse modo de produção. Cada uma de nossas pequenas opções beneficia não só a nós mesmos, mas constitui uma bênção para as futuras gerações. Pare para pensar nos possíveis efeitos de suas ações e opções, e descobrirá que está criando poderosas ondas no inconsciente coletivo. Colaborar com a vida é um dos meios mais efetivos de combater tudo o que leva a destruí-la.

Livre-se da culpa!

É muito importante evitar a armadilha da culpa por não poder fazer mais. É impossível dedicar-se a tudo. Quando começamos a pensar com insistência no que *deveríamos fazer*, quase sempre perdemos a coragem de fazê-lo. O meio certo de ajudar deve entrar em harmonia conosco. As áreas que aumentam nossa energia e alegria de viver são as mais adequadas para nós.

Não se proponha a grandes feitos. Comece com pequenos compromissos que garante cumprir e manter. Se estipular metas muito radicais, terá mais probabilidades de falhar. Mas não se sinta culpado ou inadequado se isso acontecer. Faça apenas o que estiver a seu alcance. Quando falhar, como acontece com todos nós, seja compreensivo consigo mesmo. Comece novamente. O importante é querer ajudar. Concentre-se no todo e não se deixe abater pelos pequenos erros de percurso.

Escolha um plano de ação

Os desafios que enfrentamos são enormes, mas também são numerosos os meios que podemos usar para encontrar soluções. Se considerar um problema inteiro de uma só vez, você se sentirá esmagado, sem saber por onde começar. Pergunte a si mesmo o que gosta de fazer. De quais mudanças gostaria de participar a fim de realizar secretos desejos que alimenta há tempos? Gosta de trabalhar com pessoas e organizar eventos? Então, por que não ajudar a levantar fundos para uma causa em que acredita? Seja voluntário! Você é um artista subestimado? Procure uma organização cujo trabalho estimula sua imaginação e ofereça aos participantes um pôster para a próxima arrecadação de fundos. Ou dê um quadro seu ou escultura para um leilão público em favor da organização.

Dedique tempo para elaborar um plano realista, que lhe dê prazer e estimule sua criatividade. Programe as mudanças para uma semana, um mês ou até a próxima década de sua vida. O que você planeja o fará se sentir bem e criará uma realidade melhor para todos? Cada um de nós é indispensável para o futuro. Todos temos e somos presentes únicos, peças necessárias na construção de um novo mundo. Os meios que nos satisfazem são os melhores, para nós e para os outros. O que podemos realizar é o suficiente, e é isso que devemos fazer. Você é mãe de quatro filhos e nenhum tempo lhe sobra? Não sinta culpa! A parte que lhe cabe é educar seus filhos para um mundo melhor, pelo qual você anseia. Isso basta e é fantástico!

Concentre-se na meta!

A armadilha que pode bloquear suas metas é a tendência de se concentrar no que está errado, e que sempre parece gigantesco. Em vez de pensar quão terrível é a situação atual, visualize os resultados da causa em favor da qual trabalha. Se colaborar para a preservação de florestas, por exemplo, a cada vez que der algo para sua organização, imagine vastas extensões de verde viçoso e belo, florestas saudáveis, cheias de flores, animais e vida vibrante! Com suas ações, ainda que pequenas, você trará sua visão para a realidade. Desse modo, conseguirá viver mais plenamente e cheio de propósito, em vez de sentir-se vazio e impotente. A energia que emprega já constitui parte do legado que está deixando para seus descendentes.

Lembre-se de manter sua visão na meta que procura alcançar, e não nas desanimadoras estatísticas e realidades cinzentas que o levaram a agir. É sabido, nos esportes, nas artes, inclusive nas marciais, assim como em outras disciplinas, que *focalizar aquilo que você desejar conquistar e realmente visualizar esse resultado fortalece de fato sua capacidade de alcançar seu objetivo*. Mantenha os olhos nos resultados que deseja!

Adote uma atitude de alegria

Costumamos pensar que contribuir para o futuro é um trabalho sério. Temos importantes questões, mas aflição e preocupação demasiadas podem aumentar os problemas. A seriedade pode prejudicar nossa eficiência, enquanto a alegria nos abre para novas correntes de energia, tornando-nos mais eficientes no que fazemos. Pessoas sombrias ficam aprisionadas em suas crenças e decisões, e podem perder a habilidade de agir e gerar mudanças.

Quando encontro alguém entusiasmado e feliz, meu impulso é apoiar esse indivíduo até os confins da terra. Somos atraídos por pessoas que exalam alegria e que sabem rir de si mesmas e da vida. Sorrir sempre traz energia e vitalidade. *Para fazer diferença no mundo, seja feliz*! Espalhe amor e sorrisos onde quer que vá. Plante flores. Seja afável com estranhos. Dance na chuva. Seja criativo. Aprecie tudo o que há de belo e bom em nosso planeta. Essa alegria é contagiosa, e se espalhará em círculos cada vez maiores. E se todos os líderes mundiais fossem alegres? Alguém verdadeiramente feliz começaria uma guerra? Alguém cheio de bom humor poderá ferir algum ser humano?

Estamos na crise mais perigosa que nosso planeta já enfrentou. Não podemos negar. Mas essa situação leva indivíduos corajosos a ver os problemas e, apesar de tudo, a se desligarem da aflição e do medo a fim de viver alegremente. Isso é possível. Exorcize seus demônios interiores e cure feridas familiares antigas para encontrar sua alegria. Quando alcançar sua alma e se lembrar de quem você é, estará criando uma das mais poderosas forças no Universo. Quanto mais compaixão, compreensão e paz sentir, mais fará diferença no futuro do mundo.

Contribua para o inconsciente coletivo

Ao adotar uma atitude de alegria e espontaneidade, você não irá reprimir sua energia vital, e sim irá transmiti-la para o inconsciente coletivo. Isso, por sua vez, redundará para o planeta. O grande psicólogo suíço Carl Gustav Jung escreveu muito sobre esse fenômeno. Jung observou que os mesmos símbolos recorriam sempre em sonhos e na imaginação de pessoas. Depois de muita pesquisa, concluiu que esses símbolos são universais, experimentados pelos seres humanos através dos tempos. Por exemplo, os mesmos temas aparecem em todo o mundo nas histórias tradicionais de povos de culturas que não tinham relações mútuas. Os mesmos símbolos visuais também são usados para representar fenômenos semelhantes ao longo do tempo. Jung se referiu a esses símbolos e temas universais como *arquétipos*.

Jung dizia que o inconsciente coletivo é uma espécie de mistura de toda a experiência humana, e que cada um de nós participa dela. Embora tenhamos memórias e experiências individuais, registradas no inconsciente pessoal, o inconsciente coletivo se refere às memórias primordiais que partilhamos. O inconsciente coletivo não é um fenômeno estático. Nós todos constantemente co-criamos seu conteúdo por meio da influência de nossos pensamentos, temores, esperanças, sonhos e ações pessoais. De modo sutil, mas profundo, somos todos continuamente influenciados pelos conteúdos do inconsciente coletivo e, ao mesmo tempo, o influenciamos.

Você pode influenciar positivamente o inconsciente coletivo com pensamentos positivos e ações criativas. O amor, a compreensão e a alegria criam uma energia que afeta de modo positivo os outros, porque não estamos separados dos amigos, das comunidades, da cultura e do planeta. Estamos todos inter-relacionados, e cada um de nós pode fazer diferença com nossa atitude em relação à vida.

Qual é a sua expectativa para o futuro da civilização?

Para projetar sua energia em prol do futuro, primeiro avalie suas atitudes atuais. Não existe modo garantido de saber como será o amanhã. Não podemos controlá-lo; contudo, podemos influenciar o que acreditamos no momento presente. As crenças e expectativas que atualmente mantemos podem ajudar a dar forma ao nosso caminho, mas as que nos motivam não são necessariamente aquelas em que conscientemente acreditamos; são aquelas que residem em nosso inconsciente.

O exercício seguinte é indicado para ajudá-lo a descobrir suas expectativas subliminares. Antes, pergunte a si mesmo: "Qual é a minha expectativa para os anos que virão? Vejo os seres humanos sobrevivendo no planeta daqui a cinco anos? Dez anos? Cinqüenta anos? Cem anos? Quinhentos anos? Mil anos?" (O planeta *sobreviverá*. A pergunta é: você acha que os seres humanos *sobreviverão*?) Se você acredita em um cataclismo mundial, descubra os motivos que o fazem pensar desse modo. Acha melhor acreditar nisso, em vez de alimentar a expectativa de um futuro positivo e melhor? O exercício o ajudará a avaliar suas crenças subliminares.

EXERCÍCIO: Descubra suas expectativas para o futuro

Imagine que há uma pequena máquina do tempo em sua casa. Entre nela e ajuste o dial para viajar um ano no futuro. Saia da máquina e ande pela casa, olhando pelas janelas. Por fim, abra a porta da frente e observe o que vê. As coisas estão como antes ou mudaram depois de um ano? A vegetação cresceu mais? Volte à máquina do tempo e ajuste o dial para viajar cinco anos no futuro. Mais uma vez, saia, olhe pelas janelas, abra a porta e observe o que está à sua volta. Volte à máquina e regule o dial para vinte anos. Não se preocupe se a construção mudar; você estará a salvo dentro de sua máquina do tempo.

A cada vez que sai da máquina, o tempo permanece tranqüilo, de modo que você pode observar o amanhã com facilidade e conforto. Continue a se mover para o tempo futuro, sempre observando as mudanças do meio ambiente. Quando tiver terminado suas observações, coloque o dial para o tempo real e volte ao presente.

De cada ponto no tempo há muitos futuros possíveis. Quando se imaginar viajando em sua máquina do tempo, você estará visualizando uma probabilidade possível. Se isso não o satisfizer, repita o exercício até encontrar um futuro positivo. Fixe-o então em sua mente – isso pode ajudar a realizá-lo.

Uma visão para o futuro

Você pode fazer diferença no mundo usando simplesmente o poder de sua intenção. Ativando a força criativa de sua mente, por meio do relaxamento, da visualização e da concentração, conseguirá gerar energia poderosa e positiva para beneficiar o mundo.

Em Brighton, na costa da Inglaterra, foi feita uma experiência notável. Certo número de indivíduos discutiu sobre como poderiam fazer algo pelo mundo. Eles acreditavam no poder da meditação e visualização, e decidiram que diariamente, por alguns minutos, todos transmitiriam pensamentos de paz para um lugar centralizado em Brighton – uma fonte, precisamente. Enviaram a energia durante um ano. Depois disso, perguntaram: "Fizemos diferença? Nossos esforços ajudaram a comunidade?" Consultaram as estatísticas, comparando aquele ano com os anteriores. Foi notável: as emergências nos hospitais reduziram, a taxa de criminalidade baixou, os acidentes automobilísticos diminuíram. A experiência se alastrou por toda a Inglaterra, e "Grupos da Fonte" existem hoje em todo lugar. E os resultados se repetem: focalizando a paz, a diferença aparece!

Acredito no poder da meditação e da prece, e sei que pensamentos positivos fazem diferença em nossas comunidades e também em nosso planeta. Contudo, ainda que eu estivesse errada, haveria valor na meditação. Quando alguém relaxa e sente mais paz interior, sempre produz efeitos agradáveis nas pessoas que o cercam, e isso, por sua vez, faz diferença no planeta. Em outras palavras, não temos nada a perder por enviar pensamentos agradáveis para o mundo. Quem sabe quais serão os efeitos?

Embora possa ser difícil projetar a imaginação para longe, no futuro, é bom procurar fazê-lo. Mentalizar e manter a visão de um amanhã radiante pode ajudá-lo a se tornar realidade. O próximo exercício sugere como fazer isso, criando uma onda que poderá chegar até as mais distantes praias da humanidade.

EXERCÍCIO:
Projetar energia para o futuro

Neste exercício, você imaginará ou criará uma visão para o futuro: a sua, uma mundial e outra para seus descendentes.

Imagine-se no futuro. Desenhe a planta baixa da casa em que gostaria de viver daqui a dez, vinte ou trinta anos. Veja-se andando em cada um dos aposentos. Visualize a área ao redor. Veja a vida que desejaria ter ali. Note bem como se sente. Quando estiver estimulado e energizado com o que vê, plante ou ancore em seu corpo o sentimento que associou a essa casa.

Para isso, primeiro localize o sentimento positivo. Então, note bem onde ele reside em seu corpo. (Cada emoção tem seu lugar.) Amplie então esse sentimento. Deixe que cresça, até preenchê-lo por completo. Desse modo, você o estará ancorando em seu corpo. É muito mais fácil encontrar e criar seu futuro quando você possui o sentimento associado a ele já plantado em seu inconsciente. Quando um desejo está firmemente enraizado, ele pede uma espécie de resposta do Universo.

Depois de criar uma visão pessoal, mentalize o mundo em dez, vinte, trinta anos, ou mais. Use o mesmo processo de ancorar o sentimento. Mantenha a imagem do futuro iluminado, vibrante e alegre para todos os habitantes do planeta.

Agora viaje na linha do tempo até seus descendentes, tanto os imediatos como os mais distantes, sete gerações à frente. Veja-os vivendo com alegria e harmonia em um planeta que sustenta toda a vida de modo humano e agradável.

Há um poder enorme em suas visões e disponibilidade para imaginar e projetar energia para o futuro. Você pode fazer diferença!

Além de manter uma visão para o futuro, você poderá também considerar a reunião com outras pessoas que tenham o mesmo ponto de vista, e uma vez por mês visualizarem juntos a paz. Ou então forme um grupo, como os "Grupos da Fonte", e uma vez por dia enviem pensamentos de paz para um ponto determinado da cidade em que vivem.

Portal para o futuro

A urgência das crises espirituais e ambientais que a humanidade enfrenta requer métodos audaciosos e visionários. Se você expandir radicalmente seus horizontes, incluindo seus descendentes e ancestrais; se criar novos mitos para seu futuro, e se desenvolver um legado para sua progênie, haverá esperança para o amanhã. O maior provedor de esperança para o século XXI é a fé. Tenho fé em um amoroso e compassivo Criador, e acredito que nossas vidas e nosso futuro são guiados por Ele. Nossos filhos e netos enfrentarão desafios; no entanto, acredito que com fé e paixão poderemos criar um legado que brilhará anos à frente e mais além.

Podemos deixar um mundo maravilhoso para nossos descendentes – talvez não com um estalido dos dedos, mas podemos de fato realizar isso. Precisamos ter fé, e a ela somar nossa coragem. Ou seja, devemos ser criativos. Também temos que ouvir nosso coração e seguir os anseios dele. Isso não só criará a realidade que queremos legar, mas também enriquecerá nossas vidas no presente. Nossos esforços não precisam ser perfeitos para serem suficientes. Unindo ações, esperanças e sonhos para formar um poderoso rio de consciência, podemos criar um mundo melhor para nós, para nossos filhos e netos, para os que amamos desde agora até sete gerações à frente, e mais além. Posso ver esse futuro despontando no horizonte, e me sinto, antecipadamente, cheia de alegria.

Agradecimentos

Este livro cresceu de uma intensa paixão que tive para criar um mundo mais humano para minha filha, meus netos e todas as crianças do futuro. Embora a magnitude das crises espirituais e ambientais que a humanidade enfrenta possa exigir métodos apaixonados, sei de coração que é possível encontrar soluções para nosso caminho pessoal e também para os problemas do planeta.

Escrevi este livro para fornecer informação prática, que qualquer um pode usar, para ajudar a criar um futuro positivo para si mesmo. Acredito que cada indivíduo, não importa quais sejam suas circunstâncias, pode fazer diferença. Grandes movimentos partem de pequenos pontos, e até os maiores rios são formados por uma infinidade de gotas de chuva. Se unirmos nossas ações, esperanças e sonhos para formar um poderoso rio de consciência, poderemos criar um mundo melhor, do qual sentiremos orgulho de passar para as futuras gerações.

Os conceitos que formam a base deste livro vieram, em parte, como resultado das ricas experiências que tive dentro de minha família. Tive a alegria de reconhecer minha família, porque por meio dela pude chegar a uma compreensão mais profunda de mim mesma. Isso nem sempre foi fácil, mas o que ganhei superou os desafios.

Agradeço a meus avós, Jenny e Hamp Scudder e Roy e Gladys Fortner; meu pai, Dick Fortner, e sua esposa, Edna Fortner; minha mãe, Jean Fortner; minha tia, Galela Pisarra; meu tio, Wade Scudder; minha irmã e meus irmãos: Heather Fortner, Gordon Fortner e Brand Fortner; minhas primas e seus esposos, Chellie e Mike Kammermeyer e Sandy e Jeff Grafton; os parentes de meu esposo, Alvin e Harriet Linn; as irmãs de meu esposo e seus esposos: Susan Linn, Terri, e KC Anderson, e Sandi e Alan Levi.

Agradeço especialmente a meu esposo, David, e a minha filha, Meadow.

Também sou muito grata pela informação que Nundjan Djiridjakin (Ken Colbung), Mutwa, Joseph Winterhawk Martin e Brande Fortner tão gentilmente partilharam comigo para este livro. Muito amor e gratidão também por minha amiga Allison Harter e Lele Galer e Claire Brown. Profunda gratidão por meus esplêndidos editores, Judith Kendra, Joanne Wyckoff e Jill Framer, e por Amy Gingery, do departamento de arte de Hay House.

Bibliografia

AHERN, Emily M. *The Cult of the Dead in a Chinese Village*. Stanford, Califórnia: Stanford University Press, 1973.

ANDREWS, Lynn V. *Teachings Around the Sacred Wheel*. San Francisco: Harper & Row, 1990.

BRADSHAW, John. *Creating Love: The Nest Great Stage of Growth*. Nova York: Bantam Books, 1992.

CAMPBELL, Joseph; com MOYERS, Bill; FLOWERS, Betty Sue (eds.). *The Power of Myth*. Nova York: Doubleday, 1988.

CHEETHAM, Erika. *The Final Prophecies of Nostradamus*. Nova York: Putnam, 1989.

FEINSTEIN, David, Ph.D., e KRIPPNER, Stanley, Ph.D. *Personal Mythology*. Los Angeles: Jeremy P. Tarcher, Inc., 1988.

FORTES, Meyer. *Oedipus and Job in West African Religion*. Cambridge University Press, 1983.

FOSTER, Carolyn. *The Family Patterns Workbook*. Los Angeles: Jeremy Tarcher/Perigee Books, 1993.

FOWLES, James, e KEEN, Sam. *Life maps*. Waco, Texas: Word Books, 2ª ed., 1985.

GORE, Al. *Earth in the Balance: Ecology and the Human Spirit*. Nova York: Houghton Mifflin Co., 1992.

HOGUE, John. *Nostradamus and the Millennium: Predictions of the Future*. Nova York: Dolphin Books, Doubleday, 1987.

JANELLI, Roger L., e Dawnee Yim Janelli. *Ancestor Worship and Korean Society*. Stanford, Califórnia: Stanford University Press, 1982.

LIPTAK, Karen. *North American Indian Ceremonies* Nova York: Brandlin Watts, 1992.

_______. *Coming of Age*. Brookfield, Connecticut: The Millbrook Press, 1994.

MARTIN, Emily. *Genograms*. Chicago: Contemporary Books, 1989.

MCALL, Dr. Kenneth. *Healing the Family Tree*. Sheldon Press, 1984.

MCWILLIAMS, John-Roger, e MCWILLIAMS, Peter. *Life 101: Everything We Wish We Had Learned About Life in School – But Didn't*. Los Angeles: Prelude Press, 1990.

MEADOWS, Kenneth. *The Medicine Way: How to Live the Teachings of the Native American Medicine Wheel*. Castle Books, 2002.

NEWELL, William H. *Ancestors*. Paris: Mouton Publishers, 1976.

ORNSTEIN, Robert. *The Roots of the Self: Unraveling the Mystery of Who We Are*. San Francisco: Harper, 1993.

PECK, M. Scott, M.D. *In Search of Stones: A Pilgrimage of Faith, Reason, and Discovery*. Nova York: Hyperion, 1995.

QUINN, Daniel. *Ishmael: An Adventure of the Mind and Spirit*. Nova York: Bantam, 1995.

SIMON, Dr. Sidney B., e SIMON, Suzanne. *Forgiveness: How to Make Peace With Your Life*. Nova York: Warner Books, 1990.

SMITH, Robert J. *Ancestor Worship in Contemporary Japan*. Stanford, Califórnia: Stanford University Press, 1974.

THOMPSON, Flora. *Lark Rise to Candleford*. Harondsworth: Penguin, 1984 (anteriormente publicado em 1945).

Story Telling: Imagination and Faith Mystic. Connecticut: Twenty Three Publications, 1984.

QUATRO PASSOS DO PODER PESSOAL FOI IMPRESSO EM SÃO PAULO/SP,
PELA PROL GRÁFICA, PARA A LAROUSSE DO BRASIL EM FEVEREIRO DE 2008.